ちくま新書

心理学の名著30

サトウタツヤ
Sato Tatsuya

1149

心理学の名著30【目次】

はじめに

本書は『心理学の名著30』と題して、読者に心理学の世界を案内するものである。まず現代心理学の構造を説明しよう。

簡単に言えば、心理学は人間（human being）の心を扱う学問だと言えるが、その際に

1 動物界の一員としての「ヒト」の心理
2 発達・成長する存在としての「ひと」の心理
3 社会を作り、社会で生きていく「人」の心理

の三つの側面があることを知っておくと理解しやすい。

少し言い換えれば、

「ヒト」の心理学……動物との共通性や差異も含めて生物としての「ヒト」の探究をする

心理学。行動のメカニズムや認知システムの研究をするので、認知・行動領域と呼んでおく。

「ひと」の心理学……意味を構成しながら人生という道を歩んでいく「ひと」の探究をする心理学。発達の過程を検討するので発達領域と呼んでおく。

「人」の心理学……社会を作り、翻弄され、楽しみ、格闘する「人」のあり方を探究する心理学。社会に関する心理学なので社会領域と呼んでおく。


ということである。

つまり、心理学には、認知・行動、発達、社会という構造がある、というのが本書の出発点である（臨床心理学については後で扱う）。

そしてあらゆる学範（ディシプリン）がそうであるように、心理学においても、

1 学範（ディシプリン）内部に純化していくような志向
2 目の前にある問題を解決していきたいという志向
3 学範（ディシプリン）の枠をこえて越境して発展していこうとする志向

という三つの志向性があることも知っておいてよい。

それぞれの領域が縦串だとすると、研究の志向は横串となる。

さて、心理学には臨床心理学の分野がある。この分野が入っていないことを訝《いぶか》る読者がいるかもしれない。しかし、この分野こそが、「目の前にある問題を解決する志向をもつ心理学」なのである。つまり、先の三つの「ヒト」「ひと」「人」の心理について、その不調や障害を理解・改善するための心理学として臨床心理学という領域を設定しているのである。したがって、臨床心理学という分野をあえて目立たせていなくても、その内容は含まれているのである。

少し詳しく書けば、

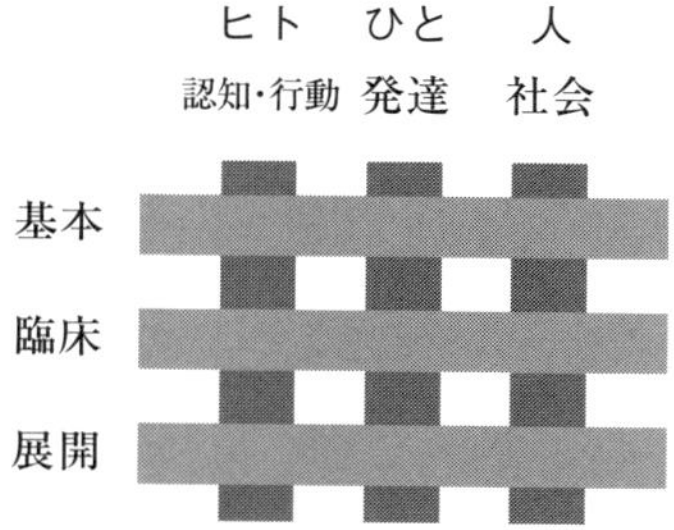

1　生物の一種としての「ヒト」の心理の不調を扱う臨床心理学
2　発達・成長する存在としての「ひと」の心理の不調を扱う臨床心理学
3　社会を作り、社会で生きていく「人」の心理の不調を扱う臨床心理学

	ヒト	ひと	人
	認知・行動	発達	社会
基本	7	7	7
臨床	2	2	2
展開	1	1	1
合計	10	10	10

となる。

そして、現在の臨床心理領域の専門家の活動に即して言えば、

認知・行動療法
学校カウンセリング
（震災・犯罪）被害支援＝ＰＴＳＤへの対応

ということになる。

以上、現在の心理学は認知・行動、発達、社会という心理学の学範（ディシプリン）内部における下位領域と、基本、臨床、展開、という心理学における水準とで定義することが可能となる。すると、三×三で九の分類が可能になる。

本書では、こうした枠を設定したうえで紹介する本を選定していった。具体的には図のような枠組を設定して、紹介する本の冊数を決めたのである。

その上で、基本と臨床は区別せず「認知・行動」「発達」「社会」の領域とした。さらに「展開」領域を作った。ここには、経済、文化、法への展開を目指した著書が選ばれてい

る。また、各領域ごとの並び順は、本の出版年順とした。こうすることによって、各領域がどのように発展してきたかという過程が分かるようにした。心理学に限らず、学ぶ領域（対象）の構造を明確にした上で、その構造が生成される過程を理解することは、学習を深くするのに有効であると考えたからである。

心理学の構造を頭に入れ、その過程を追体験することによって、心理学の世界を垣間見《かいま》て欲しいというのが本書の願いである。そして、もし興味をもつ著者や著書があったら自分でその本を直接読んだり、その心理学者の他の本や論文を読んでみてほしい。

なお、本書には日本の心理学者の書いた本を収めなかった。このことは、日本に心理学の名著が存在しないことを意味するわけではない。しかし、現時点で世界の心理学に大きな影響を与えている著書はほとんど存在していないという評価は決して不公平ではないだろう。これは自戒をこめてこのように書いている。この本を読んだ若い世代の読者は、是非、この状況を変えていってほしい。日本の心理学の伸びしろは無限大であり、取り組む価値のある領域なのである。

注：この『心理学の名著30』の文中の人名のあとに、ジェームズ（1）、フロイト（11）、レヴィン（21）のように書かれている場合は本書でとりあげられているということを示している。本書を有機的に読む手立てにしてほしい。

第一章 認知・行動領域

——「ヒト」としての心理学

1 ジェームズ『心理学について』（原著刊行年 一八九九）
――近代心理学の土台となる思想

ジェームズ（一八四二―一九一〇）哲学者・心理学者。『心理学について』はジェームズ心理学の核心を分かりやすく要約した講演録。

†哲学者西田幾多郎にも影響を与えた心理学者

「レファレンス協同データベース」という国立国会図書館が全国の図書館等と協同で構築している、調べ物のためのデータベースがある（http://crd.ndl.go.jp/reference/）。二〇一四年一一月六日に閲覧していたところ、「最近のアクセスランキング」のトップに、

「心が変われば行動が変わる　行動が変われば習慣が変わる　習慣が変われば人格が変わる　人格が変われば運命が変わる」は、松井秀喜選手の座右の銘であるが、もともとウィリアム・ジェイムズ（心理学者、哲学者）の言葉らしい。出典を知りたい。

という問い合わせとその回答が掲載されていた。ところが、肝心の出典であるが、分からない、というオチであった。ただし、ジェームズが、習慣について言及し、新しい習慣を形成することが人生を変えるというような趣旨のことを書いていることは明らかなようであった。

おそらく今の日本人に、松井秀喜とウィリアム・ジェームズのどちらが有名かを尋ねれば、おそらく松井であろう。では、ジェームズは何をした人なのだろうか？

日本ではジェームズといえば「純粋経験」、「意識の流れ」というのが、紋切り型的な理解である。そして、日本の哲学者西田幾多郎《きたろう》が影響を受けたことも今では常識の範囲となっている。もちろん、西田のみならず、かつては多くの日本の青年がジェームズを読んでその考えを取り入れていた。

†意識は不断に流れている

ジェームズは一世紀をこえて心理学に影響を与え続けている心理学の巨人の一人である。

彼は一八九〇年に一二年をかけた大著『心理学原理』"The principles of psychology"を出版した。この本は一三〇〇頁を超える大部なものであったため、その二年後に簡約版

『心理学：短縮版』"Psychology; The briefer course"を出版した。

ジェームズは心理学を「意識についての学問である」とする、当時における最新の定義に賛同を表し、かつ、意識を自然科学的な側面から扱うとしている。それ以前の心理学が心を魂のような本質として考えていたのに対し、近代心理学では魂ではなく心という概念を用い、その「機能」がどのようなものであるのかを捉えようとしたのである。

『心理学：短縮版』では、最初に説明されるのが、「感覚」、「知覚（視覚、聴覚、触覚）」というテーマであり、生物的側面としての「ヒト」についての実験研究の成果が説明される。多くの心理学のテキストが「感覚」から始まるのは、ジェームズの目次構成の影響だろう。

その後、「意識の流れ」「習慣」「自我」が扱われる。「意識の流れ」は瞬間的・刹那的な構造として捉えられていた従来的な意識観に対抗する考えである。意識の不断の流れを重視すると提唱したことは、意識の構造ではなく機能を捉えることを意味する。また、流れには時間が重要であるから、時間を重視したことにもなり、これはベルグソンの持続という考えとも合致する。意識に限らず、時間がたてば変わる、ということは、論理学では扱いにくく、その論理はいまだ成立していない（なぜなら、論理学ではA＝Aということがいつどこでも成立することが前提だからである）が、ジェームズは意識の流れという現象面を扱うことで、障害を乗り越えようとしたのである。

†心理学への様々な影響

ジェームズの心理学への貢献は多岐にわたる。

社会心理学の基礎概念であり、かつ、心理学においても重要な概念に自己（self）がある。ジェームズは『心理学原理』（一八九〇）において自己を「I」と「me」に分けるモデルを提案した。「I」は主格の私であり、「me」は目的格の私である。こうした考えは社会学にも影響を与えミードの社会的自我の理論へとつながっていったのである。

そもそも、自己という概念にも歴史があり、これを対象としたのはイギリスのロックであった。ただし、自己は確固たるものであり静態的なものと見なされていた。ジェームズはそれに対して、「自分は」という主体的な視点と、「自分を」という客体的な視点の、少なくとも二つの側面から考えることが重要だとしたのである（この点については、エリクソン〔15〕やハーマンス〔18〕の項目も参照されたい）。

また彼は哲学者の二分法ということも述べている。哲学における二つの大きな考え方である合理論と経験論のいずれかをとるかは、哲学者の気質によるという大胆な仮説である。軟らかい心、と、硬い心、というのがジェームズの唱えた二分法である。一般に、性格やパーソナリティの理論は、個人差を扱おうという動機がなければ発生しないし維持もされない。

この(哲学者の)気質二分法は、心理学者たちに影響をあたえ、一九二〇年代の性格類型論へと結実していったと思われる。たとえば、ユング(12)に関してはジェームズの影響についての研究が進んでおり、ユングの類型論(タイプ論)とジェームズの気質二分法との関係が明らかになりつつある。

†『心理学原理』の余波

『心理学原理』ならびに『心理学:短縮版』において目指された自然科学的心理学の確立は、ジェームズ本人によれば失敗に終わっている。心理学は物理学で言えばガリレオ以前なのだというのが彼の見立てであり、彼自身、心理学への興味を失ってしまうことになった。

ちなみに、『心理学:短縮版』の最終章は「心理学と哲学」となっている。そこで扱われているのは自由意志の問題である。自然科学は、因果律を前提にする。初期条件が与えられれば、終末状態は決定され、繰り返し実験することができ、数式で表すことができる、というのが因果律を前提とする自然科学が教えるところである。一方で自由意志という考え方は、何の何に対する自由なのか、ということをさておいても、因果律的世界と合致するとは思えない考え方である。つまり、『心理学：短縮版』は心理学批判で終わっているのである。

ただし皮肉なことに、この二冊を出版したことで心理学者としてのジェームズの名声は高まり、講演依頼も殺到した。彼は五十代という円熟した時期に心理学に関する講演を数多く行った。こうした講演をもとに出版されたのが、『心理学について――教師と学生に語る』である。その序文において彼は、講演を続けるうちに聴衆が嫌う話題が「分析的な専門的な事項」であり、もっとも好まれる話題が「実際上の応用」であることを知ったと述べ、この本の内容は後者について多く取り上げたとしている。

この本においては、第一章が「心理学と教える技術」であり、次いで第二章で早くも「意識の流れ」が扱われる。ジェームズは心理学が対象とする事実は、意識が常に流れているということだ、と指摘する。意識がどのような構造を持っているかなどを問うことには意味がなく、どのような機能を持っているのか、を考えるべきだとするのが第三章「行動する有機体としての児童」である。意識が流れることの機能は、簡単にいえば知識を蓄積するか、何かを行為するかであるということが指摘されている。理論・理想主義か、実行・行為主義か、の対立は常におきるが、意識の機能としては両者とも重要である。

ただし、ジェームズは、行動ということを重視するように聴衆たる教師に訴えている。行動を形成することが教育の重要な目標となるのである。その上でジェームズは反応ということへと進む。

そして、第八章が「習慣の法則」である。習慣というのは第二の天性であり、教師は習慣の重要性を認識する必要がある。「癖《くせ》」という語で表現できることは悪い習慣と置き換えることができるのであり、そうであれば、良きにつけ悪しきにつけ習慣こそが私たちを運命の方へ導いていくとジェームズは言う。冒頭の松井選手の座右《ざゆう》の銘そのものではないが、内容としてはほぼ同じことを言っていると言って良いだろう。

最終章において扱われているのは意志の問題である。

†人間への飽くなき興味

では、ジェームズはどのように心理学にたどり着いたのだろうか？　彼の人生に話を戻すと、彼の両親は子どもたちを海外に連れて歩くのが好きだったようである。

ウィリアム・ジェームズは、一八四二年、神学者である父のもとに生まれた。この一八四二年という年は、心理学史から見ると、近代心理学の成立のもとになる重要な出来事がおきた一八六〇年よりも少し前である。進化論を唱え心理学にも多大な影響を与えたイギリスのダーウィンの『種の起源』の出版が一八五九年、ドイツのフェヒナーによる『精神物理学要綱』の出版、同じくドイツのラツァルスらによる『民族心理学雑誌』の創刊が、それぞれ一八六〇年であった。彼が生まれた時はまだ心理学者になるという見通しや予測をもっていた人はいなかった、ということになる。

心理学史という領域において、年号を暗記して何かを考えなければいけないことはほとんどないが、一八七九年という年は重要な年であるから覚えておいて損はない。この年はドイツの心理学者ウィルヘルム・ヴントがライプツィヒ大学に心理学実験室を設立した年、ということになる。実際には少し異なるのだが、意味合いとしては、心理学を学ぶ学生を組織的に訓練して卒業させることができるような制度が整った年、である。この——近代心理学の祖ともいえる——ヴントは極めて多作の人であった。しかし、その後、彼の心理学に関する著書はあまり顧《かえり》みられていない。一方、思想としての心理学に関して現代でも読み継がれているのが、ジェームズの著作である。こうしたことから、今日の心理学史では、ヴントと並んでジェームズを心理学の父と呼ぶことになっている。

なお、ジェームズは、後年、心理学から哲学へと興味を移した。最初の興味は医学や生理学だったから、生理学→心理学→哲学という変遷を示したことになる。

晩年のジェームズは『宗教的経験の諸相』（一九〇二）『プラグマティズム』（一九〇七）

『多元的宇宙論』（一九〇九）『根本的経験論』（一九一二）へと筆を進めていく。『諸相』の前半部では、宗教経験のタイプを「健やかな心」と「病める魂」と分類するなど類型を用いている。そしてこれは、単なる二分法の分類ではなくプロセスだというのである。『多元的宇宙論』は一九〇八年にオックスフォード大学で行われた講義をもとに出版されたものである。自己や人物の内的世界を単一体として捉えない思想は一方で、「多元的」という形で現れ、一方では「流れ」という形で現れているのであり、西洋思想の基本ともいうべきデカルト流の確固たる「自己」へのアンチテーゼの一つの形であると考えることもできる。

ジェームズは心の働きに興味を寄せるとともに、その多様性に関心を寄せた人だったのである。

William James, *Talks to Teachers on Psychology: and to Stundents on Some of Life's ideals*, 1899
（邦訳：大坪重明訳、日本教文社、一九六〇）

2 ルリヤ『偉大な記憶力の物語』（原著刊行年 一九六八）
——記憶力が良ければ幸せか

ルリヤ（一九〇二—七七）ソヴィエトの心理学者。『偉大なる記憶力の物語』は人並みはずれた記憶力を持つ男の世界を描く。

†同窓会でその当時に戻れるのはなぜ？

先日（二〇一四年三月）、二〇年振りの高校の時の同窓会に行ったら「ソーサイ（私のこと）は、二五歳までに死ぬとか言ってなかった？」と言われて赤面した。モチロン覚えてない。そして、ソーサイというのは高校時代のあだ名である。漢字で書くと総裁。他の時期にこのように呼ばれていたことは全くない。

同窓会で思い出される記憶というのは、高校三年間だけのその人の思い出であるから、その後に数十年生きた場合には、いわば、瞬間冷凍されたような記憶だと言える。その記憶が、同窓会というホットな熱気によって解凍されて思い出されるのであろうか。自分が総裁と呼ばれると妙な気持ちになるが、会長というアダナの友達にはやはり「会長、元気だった?」と昔のアダナが口をついて出てくる。そして元同級生たちは、「総裁! 会長! 元気だった?」などと私たち二人に話しかけてくるのだから不思議である。

記憶とは何なのだろうか? 記憶と言えば、おそらく、「ああ、あの人の名前なんだっけ? 思い出せない」などと、記憶の忘却に目が行きがちである。何でも覚えていたい、もっと記憶力が良くなりたい、などと思いがちだ。では、忘れない、ということはありえるのだろうか? あるとしたら幸せなのだろうか?

†記憶の分類

心理学は記憶を対象にした学説をいくつか生み出してきた。最も初期に行われたのがドイツの心理学者エビングハウスの研究である。彼は、無意味綴りという方法を開発し、「子音・母音・子音」のアルファベット三文字からなる文字列をどれくらい覚えていられるのか、について検討を行った。これは忘却曲線として現在にも伝わっている。そして復習することで、短期記憶から長期記憶と呼ばれる記憶になり記憶が定着するとされている。つまり、古典的な理論では、記憶を長期記憶と短期記憶に分類する。「えーっと、小学校のときの校長先生の名前なんだっけ?」というのは、長期記憶である。「さっき教えてもらった取引先の電話番号、メモするの忘れた、何番だっけ？」というのは短期記憶である。

短期記憶に関しては、ミラーという心理学者が「マジカルナンバー7±2」という有名な論文を著し、人間の記憶はせいぜい「五〜九」個しか一度に覚えられない、と喝破した。電話番号（市内）が六〜八桁であるというのは理にかなったことなのである。

思い出すことについても心理学者は分類を作っている。アメリカの初代大統領は誰？と尋ねられて「ワシントン」と答えるのは「再生」で、アメリカの初代大統領はワシントンですか？　と尋ねられて「はい」と答えるのは「再認」。当然ながら、再認の方が簡単。ただし、いずれも間違いが起きる可能性があり、その間違いが人の人生を狂わせかねないのがロフタス(28)による目撃証言の問題である。

さらに心理学者の記憶の分類は続く。エストニアの心理学者タルヴィングは「命題記憶」と「手続的記憶」の二つに分け、さらに「命題記憶」を「意味記憶」と「エピソード記憶」の二つに分けた。命題記憶は「＊は〜だ」、という記憶。手続的記憶は、何かのやり方についての記憶である。

また、イギリスの心理学者バデリーは、ワーキングメモリ（作動性記憶）のモデルを作った。作動性記憶は揮発してしまう記憶のようなもので、瞬時に消えて無くなるものであり、それを定着させるために音韻ループ（復唱）や視空間スケッチパッド（イメージの再現）というサブシステムをもつと仮定するのが作動性記憶のモデルである。

さて、記憶は一般に過去のことだと思われているが、よくよく考えれば、来週は彼氏の誕生日だ、とか、教え子の結婚式だ、という未来に関する記憶もある。これを展望的記憶と呼ぶ。ちなみに、前世の記憶、など言う人もいるが、検証不能なので心理学では扱わないことになっている。

†特殊な記憶の持ち主

心理学者による記憶の学説をざっと見てきたわけだが、記憶の学説は何百もの実験研究を生み出してきた。実験ができるから理論の価値がある、実験で確かめられなければ理論の価値はない、というのが心理学のスタンスである。しかし、実験研究には限界がある。記憶力の優れた人が人生をどのように生きるのか、などということは実験しようがないからである。そもそも、心理学の研究は、感覚、知覚、判断、思考、記憶、のようなプロセスを輪切りにして研究するため、（それが利点だと思っている人も多いが）人間の全体像に近づけないという欠点がある。

ロシアのカザンに生まれたルリヤはモスクワ心理学研究所でヴィゴーツキー（13）に出会い、その文化歴史的心理学に影響を受けた。そして、一九二〇年代に極めて秀でた記憶力を持ったある一人の人物（シィーと呼ばれる）が、人格の他の側面においてどのような特徴を持ち、どのような人生を歩んだのか、についての本を著した。それが『偉大な記憶力の物語』である。シィーは音楽家になろうとしたが果たせず新聞記者となった。新聞記者は、様々な取材を一日のうちにこなさなければいけない時がある。デスクと呼ばれる上司が、シィーに長大な取材先リストを聞かせたところ、シィーはメモをとらなかった。上司は激怒。しかし、シィーは完璧に取材先リストを再生してみせた（再認ではなく）。しかも本人は、メモをとらない記憶が特別なものであるとは思っていなかった。誰もが皆、一度聞いたことは覚えているものだと考えていたのである。数字の暗記は、それが三〇桁でも七〇桁でも、全く何の問題もなくクリアされた。また、十数年の間隔をあけた場合でも、思い出すことができた。他の多くの人にとってそれがいかに困難であるかは言うまでもないだろう。

ではなぜシィーはこのようなことが可能だったのか。それは直観像と共感覚という特異な能力のおかげである。

直観像とは、いわば、目がカメラのように作動し、画像を保存できることを指す。例えば、あるビルを見てそれが何階建てであるかはすぐには分からないが、直観像を持つ人は、自分が蓄えた直観像を思い出し、ゆっくり数えることができるのである。

共感覚とは、一つの感覚刺激から、複数の知覚が引き起こされる現象のことである。既に述べたように、心理学では人間の認知プロセスを「感覚、知覚、判断、思考、記憶」という形で分割して考え、それぞれのプロセスについて分けて考えるので、共感覚の研究は難しい。また、多くの人が持っている性質でないと研究することが難しいという事情もあり、シィーのような人がもつ特殊な力についてはなかなか検討できないのである（ちなみに、共感覚という現象に立ち向かったのがラマチャンドラン〔8〕である）。

†忘れることも立派な能力

ルリヤの研究の主人公シィーは、新聞記者としてもうまくいかず、記憶術者となった。つまり、自身の記憶力を売りにして生きたのである。彼の記憶を支える直観像や共感覚は常に良い効果だけとは限らず、むしろ生活に支障をきたす場合もあったのだ。

言葉と共に他の感覚が生起するというのは常に喜ぶべきことではない。この本にはシィーが文章、特に詩を読むことがいかに困難であるかが示されている。たとえば、ある人が困難に直面して格闘したあげくあきらめた、というようなことを「彼は階段を降り始めた」と表記されていたとする。すると、ある人が仕事で失敗をして上司に叱られて……、というようなイメージの上に、その人が実際に階段を降りているイメージが重なり、全く混乱してしまうというのである。

切れ切れになった単語の羅列《られつ》を覚えるということには力を発揮するシィーであったが、私たちの生活に存在する様々な比喩《ひゆ》を含む豊かな表現には対応できないのが彼の限界だったのである。

このことから、私たちは記憶できないこと、あるいは、忘れること、の重要性を学ぶことができるのではないだろうか？

А. Р. Лурия, *Маленькая книжка о большой памяти*（*Ум мнемониста*）, 1968
（邦訳：天野清訳、岩波現代文庫、二〇一〇）

3 スキナー『自由と尊厳を超えて』（原著刊行年 一九七一）
——新たな行動主義

スキナー（一九〇四—九〇）米の心理学者。『自由と尊厳を超えて』は行動主義に立脚した行動分析のバイブル。

†行動を分類する

動物の一種であるヒトの行動には二種類ある。レスポンデント行動とオペラント行動である。そう言われても、多くの人には全くチンプンカンプンであろう。

前者は簡単に言うと反射。膝の下を叩くと足がピンと伸びる。これが膝蓋腱《しつがいけん》反射として知られる反射である。後者は反射以外の行動で、自発的に行う行動。

自発的行動の特徴の一つに、褒められた行動を繰り返し行うことができる、というものがある。

ここで「褒められる」というのは誰か他の人から称賛される、という狭い意味に留まるものではなく、良い結果が起きる、外界からのご褒美だ、という意味を含んでいる。そして良い結果が起きたのなら、同じ行動をくりかえすことが可能だというのが自発的な行動の特徴なのである。

大事なのは、動物の一種たるヒトには、褒められたら再度やることができる行動と、特定の刺激に誘発されると自動的にやらざるをえない行動がある、ということである。そして、行動に関するこの分類ができたのは二〇世紀になってからであり、その分類を作ったのがスキナーという心理学者なのである。

†行動主義の誕生

行動とは何か？　この問いに対して「死人テスト」をもって応えるのがスキナリアン（スキナー流の行動主義者）である（杉山尚子『行動分析学入門』集英社新書）。すなわち、死人（死体）にでもできることは行動ではなく、死人（死体）ができないことが行動だ、ということである。この人を食った定義によれば死ぬという行為は行動そのものである（死人が死ぬことはできないから）。

スキナーが心理学に興味をもち博士課程に進学した一九二〇年代、心理学の世界では、すでに行動主義が力を持ち始めていた。まず、一九世紀の末までにはアメリカのソーンダイクが、ネコを用いた問題箱の実験などを通じて試行錯誤による学習について明らかにしていた。ロシアの生理学者パブロフは、消化腺の研究に従事して一九〇四年にはノーベル生理学・医学賞を受賞した。しかし、受賞時の講演で取り上げたのは、（受賞理由となった研究ではなく）自身が発見した条件反射という現象についてであった。彼は食物を食べているときのみに分泌されると考えられていた唾液が、飼育係の足音を聞いただけで分泌されることを発見していたのである。

それまで心理学の世界では意識を研究対象としていた。ジェームズ（1）の立場がそれであった。だが、意識というのは内的な出来事であり扱うのが難しく、恣意的な結果となりがちだという批判があった。こうした状況の中、三七歳の若さでアメリカ心理学会長に選ばれたワトソンは、科学としての心理学の対象は意識ではなく行動であるべきだと宣言し、公共性のある観察に基づく研究こそが心理学のとるべき道だとしたのである。一九一三年、世に言う行動主義宣言である。さらに彼は情動条件づけの研究を行い、恐怖のような情動が条件づけされることを示した。この研究は、平たく言えば、恐怖を植えつけるものであり、倫理的問題も含んでいるが、植えつけられるなら取り除くこともできることになるから、彼の認知行動療法後の基盤を作るものであった。

行動主義の昂揚《こうよう》期に大学院生となったスキナーは、後にスキナー箱と呼ばれるようになる実験装置を考案した。この箱は、ネズミがその中を自由に行動できるほどの広さがあり、バーが備え付けられていた。そのバーを押すとエサのペレットが出てくる仕組みになっていた。パブロフの犬が完全に身体拘束されていたり、知覚実験などに参加したヒトがアゴ台等で顔を固定されているのとは異なり、スキナーの装置は、ある程度の行動の自由が保たれていた点が重要である。スキナーは自ら開発したこの装置を用いて様々なデータを集め、反射概念についての理論的、実験的研究を行うことで博士号を得た（一九三一）。

博士論文をもとに執筆した『有機体の行動』を出版する一九三八年頃までにスキナーは、行動には二種類があると見通し、やがてレスポンデント行動とオペラント行動という二分類へと展開するのである。前者はパブロフが条件づけで扱った行動であり、受け身的な行動であるのに対し、後者はソーンダイクが扱った行動であり、自発的な行動である。そして、スキナーは、行動を受け身行動と自発行動に分け、自らは、（A）ある条件における（B）自発行動が（C）外界からの反応によってどのような影響を受けるのかについて研究することを自らの課題としたのである。

ある先行する条件（Antecedent）、行動（Behabior）、その結果（Consequence）の繋がりのこと（頭文字をとってABC）をスキナーは随伴性と名づけた。時間の流れのなかで行動を捉えようとしたこと、受け身行動ではなく自発行動を対象にしたこと、はスキナーの大きな功績である。

†罰に対して反対する

『自由と尊厳を超えて』が出版されるとスキナーは時の人となり『タイム』誌の表紙を飾ったこともあった。またテレビ番組などにも引っ張りだことなった。ただし、ヒトの行動は自身の内部に由来するのではなく、むしろ環境に由来するものであり、自由意志のようなものを仮定する必要はない、という主張を含むものであるから少なからぬ反発を受けた。また、報酬（良い結果）で人の行動を導くことにも、少なくない批判があった。おそらく、人はコントロールされる感覚がイヤなのであろう。

スキナーははっきりと罰に対して反対した最初の心理学者の一人なのだが、そうした面はあまり注目を得られていない。自由と尊厳のある生活をするためには、罰を無くせば良い。そして報酬に基づく行動形成をすることによって誰もが尊厳をもって生きていける世界を作るべきだ、というのがスキナーの根本的な思想である。ところが、この考え方に反対する人は多い。何が「良い」行動なのかを誰か特定の人が決めるのがケシカランというのである。しかし、罰においてこそ罰を与える人が基準を決めて罰を与えている。

実際、罰の効果は無いとほとんど全ての心理学者は主張する。この点で意見を異にする心理学者は存在しない。罰が問題なのは、罰に効果がないだけでなく、人格的なダメージを与えることにもある。さらに、何が良くない行動であるのかということを罰を与える人が決定している点も問題である。まさに自由と尊厳を脅かす手法なのである。

†ジェームズからの影響

スキナーの行動主義は、心理学なのに心を否定していると批判されるが、それは誤解である。行動の原因として内的なものを仮定する必要はない、としただけである。なぜなら、人間の行動は、環境との相互作用によって、生まれるものであり、行動の原因を求めても――特に人間の内部に原因を求めても――意味の無いことだからである。

彼は自身の行動主義をRadical Behaviorismと称した。この言葉が徹底的行動主義と訳されると、機械論的行動主義が徹底されたかのように見えるが、それは違う。そもそもこのタイトルはアメリカ心理学の祖・ジェームズ（1）が発表した『Radical Empericism』（根本的な経験主義）に倣ったものであろう。経験主義を徹底することは、徹底的に行動を対象にして心理学を発展させる、というのがスキナーの考えなのである。そもそも、ワトソンの行動主義はジェームズの機能主義の流れにあるから、その意味でもスキナーはジェームズの影響を受けていると言える。

スキナーの考えは、心という構成概念を括弧に入れても、様々なことが記述できることを示したものである。この意味で革命的な考えの一つであろう。そして、そのことにより、行動療法的なかかわりも可能になるのである。スキナーの考え方について、悪用されると危険だという批判もあるが、それは行動主義に限ったことではない。世の中にはもっと危険な学問知見が山のようにある。どのように社会と学問が折り合うかを考え、良い部分を活かしていくことこそが必要なのである。

†価値と文化の行動分析

本書の章立てをみると、自由や尊厳についての章があり、その後、罰批判、罰に代わるものの提案と続くが、その後は、価値、文化なるものの進化、文化なるもののデザイン、と続く。

価値の章でスキナーは価値やその集合体としての文化が、ヒトの行動を形成・維持する重要なものとして考えている。スキナーにとって価値とは、強化子（広い意味での報酬）を得るための他者から与えられたガイドラインのようなものであり、明示されるとルールや法となる。

さらにスキナーは他者からのコントロールによって自分の生存が保証された場合には、

個人の価値に基づいた（つまり、個人にとっての強化子を得るしかない）状況になり、それこそが価値の喪失状態だと指摘した。マズロー(22)が価値喪失に苦しむ人間について「無気力、不道徳、冷感症、根無し草、空虚さ、絶望、信じるものや献身対象の喪失など様々な状態」で記述したことを参照しながら、スキナーはこうした状態は内的状態の記述によって解消されるものではなく、有効な強化子がないと記述することで対応が可能になる、と分析する。こうした分析はドライすぎると感じる読者も多いだろうが、スキナーは大まじめである。

文化は社会環境であり、行動を形成し維持するものであるとスキナーは言う。必ずしも環境への適応をガイドするものではないとしても、ヒトの社会に一定の秩序を与えるものである。ただし、文化はヒトによって書き換えられ、その文化の影響をうけてヒトも代わっていく。興味深いことに、スキナーは「ある文化の成員」という言い方はできないと指摘している。これは文化心理学者ヴァルシナー(29)の主張と同様であり、ヒトは文化に隷属《れいぞく》しているのではなく、柔軟に行動を選び取る（＝自由）ために文化という仕組みがあるのだと考えている。

†死ぬという行動はオペラント行動

既に述べたように、死人テストという人を食った定義によれば、死ぬことは行動にほかならない。

自由意志に基づいて安楽死を選ぶ権利を主張し実行する人々の会であるヘムロック協会の会員であった彼は、いわゆる延命治療を拒んでいた。そしてある論文を書きあげた翌日、彼は死んだ。愛娘のジュリーによると、最期が近づき口の中が乾いてきた彼の口に水を含ませたところ"Marvelous"と彼はつぶやき、それが最期の言葉となったという。延命治療を選択せず、死という行動すらオペラント行動として実践した男。それが新行動主義者・スキナーなのであった。

Burrhus Frederic Skinner, *Beyond Freedom and Dignity*, 1971
（邦訳：山形浩生訳、春風社、二〇一三）

4　ノーマン『誰のためのデザイン？』（原著刊行年　一九八八）――アフォーダンスの応用

ノーマン（一九三五―）認知心理学者。アップル・コンピュータ社、ヒューレット・パッカード社でも活躍した。『誰のためのデザイン？』はおかしなデザインをユーモアを交えながら論じる。

†ギブソンのアフォーダンス理論

二〇一四年のノーベル物理学賞は、青色LEDの発明・実用化に寄与した赤崎教授ほか三名の日本人が受賞した。LEDは消費電力が少なく寿命も長いことから、照明やディスプレーなどに広く使われるようになっている。つまり、世界の人々の生活を変えたことが受賞の理由なのである（ついでながら新しい産業創出に関しても評価されている）。

もし、アメリカの心理学者ギブソンが生きていれば、ノーベル賞を授かることができたかもしれない（ノーベル賞は生存者にのみ授与される）。そのギブソンは何を発案したのか？　飛行士の訓練などで用いるフライト・シミュレータ（模擬飛行装置）に必要な理論である。フライト・シミュレータの原理は、現在では各種の乗り物系のシミュレータに転用されている。また、さらに重要なことに各種の乗り物系シミュレーション・ゲームに適用され、新しいゲーム産業を作り上げている。

では、実際、何についての理論なのだろうか。それは、知覚に関する理論であり、直接知覚仮説と呼ばれている。ギブソンはアフォーダンスという名詞を作って学術用語としたのである。

†デザインは記号の配置である

ギブソンと『誰のためのデザイン?』のノーマンをつなぐのは、アフォーダンス(誘価)、という鍵概念である。ノーマンは自分自身が本書によってアフォーダンスという概念をデザインの世界に導入したと自負している。

ただし、ノーマンのアフォーダンスは「ヒトAがモノBから×××できるという情報を読み取り実行する関係」のことを指しており、それはギブソンのアフォーダンスとは少し違っている。ギブソンはヒトとモノの関係をダイレクトにつなぐ直接知覚の立場にたっているので、「ヒトとモノとの物理的な行為の関係性」こそがアフォーダンスということになる。情報などという中間項は不要なのである。

こうしたことを指して、「ノーマンはギブソンのアフォーダンスの意味を解していない」とか、「ノーマンのアフォーダンスは誤用だ」などと言われることもあるが、そういう話でもないはずだ。

まず、ギブソンのアフォーダンスを説明する際には、足場の悪い岩山を登る時にどこに足を伸ばすか、というような例が最適である。ヒトはあまり意識せず足を前にだし、ある地点に足をおろす。このような例からヒトと環境の直接的な関係性を読み取ることができる。立ち止まって躊躇《ちゅうちょ》する時は、次の一歩を踏み出せない時である。

ノーマンのアフォーダンスは、その歩きにくい岩山には、足跡をプリントして、どこに足を伸ばせば良いかをガイドすれば良いというものである。足跡マーク（フットプリント）はヒトを誘導してくれるのである（もし手形があれば、手をついてしまうかもしれず、それは悪いデザインということになる）。

Design の語源はラテン語の Designare であり、「de + sign」（記号を置く）、つまり記号で表すという意味である。つまるところデザインはサインの配置であるから、ギブソンのアフォーダンスから出発して、ヴィゴーツキー（13）の記号という概念に近づくことになる。中間項・媒介項を扱うのであれば、ギブソンの直接知覚という考え方からは離れ、ヴィゴーツキーやヴァルシナー（29）の文化心理学に近づくことになる。

つまり、アフォーダンスという考えを確立したのはギブソンであり、ノーマンはアフォーダンスという概念を人工物と使用者の問題に転用したのである。この本はデザインにおけるアフォーダンスということに注意を促したという意味で画期的な本だったと言えるのである。

†アフォーダンスをいかに応用するか

さてこの本は初版の改訂版である。二五年前の初版と基本は変わらないが、用例はかなり変更されている。原理については全く変わらないとも言える一方で、内容については全て変わったとも言えるのである。

改訂版の新しい点については本書のまえがきに書かれている。たとえばユーザ・エクスペリエンス（UX）という概念は初版出版時の二五年前には存在しなかった（元型は初版にもあるが……）。ノーマン自身、アップル社でUXという概念を使ったときの最初の人間の一人だということであり、その経験をもとに改訂版にはUXについても盛り込まれている。また初版が出版されたことにより「人間中心デザイン」という考え方も現れ、それが改訂版を貫く原理になっているのである。

初版と改訂版を貫く原理とは、記号の人為的配置によるアフォーダンス（誘価）の適正な創出、ということなのだと思われる。ノーマンはギブソンのアフォーダンス理論を誤用しているのか、それとも拡張しているのか（私に言わせれば、あらゆる概念は誤用されるのだから、誤用だという怒りは無意味なのだと思われる）。そもそも、ギブソンは海軍で研究をしておりその研究フィールドは、航空母艦に着艦するパイロットの視覚世界であった。海はのっぺりとしている。空母は動く。自分自身も飛行している。自分の位置が動いている中で、動いている空母に着艦するには何を手がかりにすれば良いか、というのがギブソンが解決すべき問題であった。だとすれば、十分に人工的な課題である。

そして、ギブソンが直接知覚を前提にしてアフォーダンスを展開したとしても、それを応用できるのはシミュレーション・マシンくらいなのである。実際にパイロットの訓練にも使われているシミュレーションは、人間の知覚に入力される外界情報を逆算的に構成して直接知覚のように錯覚させるマシンである。価値や記号の入らない世界だからこそ成り立つことなのだろう。直接知覚というのは日常生活にあてはめるのが難しいと思われる。しかし、たとえば、ブルーナー（17）の実験が示したように、コインの大きさのような客観的に感じるものでさえ、（貧富の差という）見る人の側の条件が影響するということがあるなら、（ギブソンの直接知覚に敬意を払いつつも）ノーマン的なアフォーダンスを考えることに意味があるのではないだろうか。

つまり、今日の日常生活においてはノーマンのように、人工的な仲介物（デザイン）を間に噛《か》ませる方が、応用的な意義が大きくなるであろう。

†知覚の心理学を実社会で活かす

心理学においては、行為や感情について、能動的なものと受動的なものを分けて考えることが重要であることが多い。たとえば、スキナー（3）は反射を受動的なものと能動的なものに分類したことによって多くの新しい知識を得ることができた。

知覚に関する心理学に戻ると、多くの場合、実験参加者はヨソを見ないように姿勢を固定される。視覚を固定された上で、いろいろな刺激を見せられ、反応させられるのである。見損なわないように、見る前に音が出たりする時もある。こうした自然科学のお作法でやる実験が、人間の生き生きした姿を捉えていることになるのか、といえば疑問が残るであろう。ギブソンはこうした実験心理学のあり方に疑問を呈した。ノーマンはさらにモノとヒトとの関係を実験とは違う文脈で考え、豊かな考察を導き、実社会に活かそうとしたのである。

また、デザインされた人造物が、ヒトを混乱に陥れることがある。それは設計者の意図と使用者の意図がずれているからである。設計者の意図を使用者が完全に理解できるとは限らない。その時、使用者が素人だからケシカランという風潮があった時期もあったが、認知科学はそうした風潮にＮＯと言うのである。『誰のためのデザイン？』というタイトルが含意することはそういうことなのである。デザイナーは使用者の使用経験を豊かにすることを前提としてデザインしなければいけないのである。

一つの例をあげよう。エレベーターにおける「開閉」のボタンは、最もアフォーダンスから遠いスイッチの一つであろう。似た種類のボタンが近くにあって、「開」「閉」なんて書いてあっても日本語を理解できなければ完全にお手上げ。日本語に詳しいヒトだって、すぐには二つの漢字の違いを見分けられない。「◁▷」「▷◁」などという記号で開くを表そうという試みもあるが、これが分かりやすいわけではないのも事実である。間違いを誘発しないデザインが生み出される必要がある例である。この他にもデザインという思考が力を発揮できる場面は沢山あるはずである。

Donald A.Norman, *The Design of Everyday Things*, 1988

（邦訳［増補・改訂版］：野島久夫・岡本明・安村通晃・伊賀聡一郎訳、新曜社、二〇一五）

＊本書がどのように改訂されたのかについては、著者本人による「改訂版へのまえがき」に詳しい。

5　セリグマン『オプティミストはなぜ成功するか』（原著刊行年　一九九〇）
――無力感の研究から始まる楽観主義

セリグマン（一九四二―）米の心理学者。『オプティミストはなぜ成功するか』は画期的思考法であるオプティミズムを科学的に説き明かす。

†無力感を学習するとは？

日本で冤罪《えんざい》事件が起きると多くの場合、虚偽自白（つまりウソ）が問題になる。この虚偽自白というのは普通の人には理解されにくい。ウソというのは自分が有利になるためにつくものであって、不利になるようなことを言うウソは滅多にないからである。

足利事件は一九九〇年に発生し、犯人とされる人物（菅家さん）が一七年間服役した後に二〇一〇年に無罪となった事件である。最終的に最新のDNA鑑定によって無実が確実となったこの事件において、犯人とされた人物は取調べで虚偽自白を強制され、その後の裁判の場においてさえも、一度も撤回しなかったことでも話題となった。

公判廷には（味方のはずの）弁護側もいるのだから、「私はやってません。自白させられました」くらいのことは言えるのではないか？　という疑問が起きた。ちなみに法曹界でも、公判廷で自白を維持している人物の無実を見抜くのは難しい（だから仕方無かった）という意見をもつ人が少なくないようだ。

心理学の立場からすると、この菅家さんはおそらく学習性無力感の状態だったと考えられる。何をやってもダメだ、という絶望感・無力感を身につけてしまったのである。いくら「やってない」と本当のことを言ってもとりあってもらえない。それどころか暴行を受けたりしかねない（実際に取調べで暴行があったかどうかは藪の中）。「本当のことを言っていい」と言われたので「やってません」と言ったら、それも否定される。こうしたプロセスを繰り返す中で菅家さんは、世の中に対する絶望感や無力感を学習したのであろう。ここで学習とは勉強とは少し意味が異なり、経験的に理解する、という意味である。菅家さんは自分では何も変えられないということを学び、虚偽自白を維持することを選んだのであろう。

学習性無力感というのは、心理学において、うつ病の行動モデルとして知られている。その提唱者はここで取り上げているセリグマンである。ペンシルバニア大学の大学院に入学した彼は、犬を対象にした動物実験がうまくいっていない、ということを見聞きした。

ペンシルバニア大学においては、犬に対してある音を聞かせたあと静電気程度の弱いショックを与えることで条件づけを行い、音を聞いただけでショックを避けるようになるかどうかを研究しようとしていた。音とショックを関連づけさせるためには、その二つを対《つい》提示《ていじ》しなければならない。「音が聞こえたら、ショックがくる」、これを繰り返すことで、音が一種のアラーム信号になるから、犬は音を聞いただけでショックから逃げるはずだ、というのが仮説であった。

しかし、実際に実験をしてみると、音を聞かせたあとにショックを避けようとする犬はいなかった。むしろ、音が聞こえてもうずくまったりしてしまい、ショックを甘受《かんじゅ》するかのような態度の犬が多かったのである。大学院入学直後のセリグマンはこの状況を見て、犬たちが「何をやっても無駄だ」ということを学んでしまったのだと考えた。「音」と「電気ショック」と「逃げても無駄」という三つの関係を学んでしまった、というのがセリグマンの発想であった。

彼は自分の考え――犬たちは無力（＝事態打開能力がない）であることを学習した――を確かめるために巧妙な実験を行った。三匹の犬に協力を願い、三匹を首輪でつないだ。一匹は痛みのショックを与えられるが自分のハナでパネルのスイッチを押せばそのショックは消える。二匹目は一匹目がショックを消すスイッチを押せば同時にショックがなくな

る、つまり、自分ではショックを無くすことができない。三匹目は一緒につながれている
がショックを受けることがない。
ここまでは準備段階。本当の実験はこれからだ。
これらの三匹は、低い仕切りで区切られた二つのスペースからなる小部屋に入れられる。
そして、ショックが与えられる。低い仕切りを越えてもう一つのスペースに行けば、その
ショックから逃れられる。こうした時に、ジタバタして他のスペースに移るということは、
割と簡単だろうと誰もが思う。しかし、実際には先の三匹のうち、二匹目の犬は、スペー
スを移ってショックを避けようとしなかったのである。痛みにたえてうずくまっていたの
だ。それは、「どーせ何やっても無駄だワン」と言っているかのようであった。
このセリグマンの考え方と実験結果は当時の行動心理学に大きなショックを与えた。
「やらないこと」を学ぶことが可能か、ということが議論の的になったのである。反論も
受けたが、それに対する実験も実行することで「無力感を学習する」ということが認めら
れるようになってきた。心理学史的に言えば、行動主義から認知主義へ移行する時期の研
究としてセリグマンの研究を位置づけることが可能である。
無力感を学習するということは人間にとってはどういうことなのだろうか？
実は、人間は犬ほど単純ではない。なぜなら、言葉を使って、「どーせ俺はダメ人間

だ」とか「いくら失敗しても俺はまだいける」と思ったりするからである。言葉を一種の記号として考え、それこそが人間の特長だとしたのはロシアの心理学者ヴィゴーツキー(13)であるが、こうした考えは行動主義と折り合いが悪かった。したがって、セリグマンの研究も行動主義陣営から反発をうけ、結果として行動主義から認知主義への移行の重要な役割を担わされるようになったのである。

セリグマンの研究は学習性無力感の研究と呼ばれ、ヒトのうつ病が、特に近代において増えていることの理由の一つとして受け入れられるようになった。この『心理学の名著30』の第二章でとりあげるフロイト(11)は、鬱《うつ》は自分に対する怒りなのだと説明していたが、こうした説明より、遥《はる》かに有効で治癒的対処の見通しを持つことが可能なセリグマンの考え方は精神医学にも影響を与えたし、何よりも行動理論に基づく行動療法・認知行動療法への道筋をつけることになった。

セリグマンはワトソン、スキナー(3)の理論そのものを継承したわけではないが、行動理論を洗練化することによって行動療法、認知行動療法の発展にも寄与した。無力感やその結果としての鬱が、生活の中で学習できるのであれば、それを消去することもできる、というのが行動理論の教えるところである。

†ポジティブ心理学の誕生

転換点は一九八八年。飛行機の隣の席になったリチャード・パインに出会ったことであった、と前書きに書いてある。セリグマンの話を聞いた彼は、セリグマンの研究を「悲観主義ではなく楽観主義についての研究」だと喝破《かっぱ》したというのである。そして、このことによりセリグマンは研究方針を転換させ、ポジティブ心理学（肯定的になる心理学）という領域が心理学の中に生まれた。

モノゴトを悲観的にとらえることを、イヌおよびヒトで研究してきたセリグマンと学生たちは、何か悪いことが起きた時に、その原因をどう説明するかが重要だと考えていた。たとえば、テストで悪い点をとった時、それを自分や他人にどう説明するか。「どうせオレはバカだから」というのが一つの定番であろう。一方で、「教室が騒がしかったから」というような説明をする人もいるだろう。前者は能力に言及しており、常識的には能力は変わりにくいので、悲観的な見方ということになる。後者は騒音に言及しているから、騒音がなければうまくいったのに、という楽観的な見方になる（そもそも騒音が原因ならクラスメートの全員に影響しているはずで、自分の成績だけが良くなるわけではないのだ）。

イヌとヒトの違いは、言語による説明を行うかどうかである、ということにセリグマンは漠然とではあるが気づいていた。そして、「バカだから」とか「騒がしかったから」という説明には隠れた次元があることを見出した。内的―外的、永続的―一時的、普遍的―特殊的、の三次元である。理由づけの次元はその後の気分に影響することもわかった。簡単に言えば、ある失敗の原因を、内的で、永続的で、普遍的に説明するのであれば、それは全て自分を責めることになるため、悲観的であり抑うつを引き起こすのである。そして、その逆であれば、非常に楽観的になれるものなのである。

†社会からも必要とされるポジティブ心理学

彼の研究は今や社会からも必要とされている。

生命保険のセールスは過酷な仕事である。一九八〇年代のある会社の状況をみてみると、六万人の応募者から五〇〇〇人の外交員を採用しても一年後には半数が辞めてしまい、四年後には八〇パーセントが辞めてしまったという。これは会社にとって損失だが、辞める本人たちにとっても挫折体験を与えることになる。それはおそらく彼/彼女らの人生を暗転させることになってしまうだろう。挫折すると分かっている者を雇わないようにするにはどうすればいいのか、心理学者は力を貸すべきだ、とある会社がセリグマンに迫った。そしてセリグマンは楽観度テストを提供し、楽観度テストで上位の者が下位の者より成約数が多い、つまり保険外交員として有能であり仕事を継続できる、ということを証明したのである。

セリグマンは一九九六年にアメリカ心理学会の会長に選ばれた。その就任講演はポジティブ心理学に関するものであった。この講演は――ワトソンが行動主義宣言をして行動主義を牽引したのと同じように――ポジティブ心理学というものを牽引《けんいん》するきっかけとなった。

つまり、心理学は常に自己革新をしておりセリグマンはその立役者の一人である。ちなみに、ポジティブ心理学の先駆者はマズロー(22)である。現在の主唱者たちには、フロー体験（究極の集中状態であることに完全に没入している状態のこと）で有名なチクセントミハイなどがいる。人生の肯定的な面をとりあげるポジティブ心理学は今後ますます盛んになっていくだろう。

Martin E. P. Seligman, *Learned Optimism*, 1990
（邦訳［新装版］：山村宜子訳、パンローリング社、二〇一三）

6 カバットジン『マインドフルネスを始めたいあなたへ』（原著刊行年　一九九四）
——自分らしく生きるための思考

カバットジン（一九四四―）米の心理学者。『マインドフルネスを始めたいあなたへ』は瞑想の基本的な要素とそれを日常生活に応用する方法まで説く。

†行動療法その第三世代の波

臨床心理士と精神科医の違いは何か？　前者は心理学を主として学び、後者は医学を主として学ぶ。そして、後者は薬物療法を行えるが、前者は行えない。

私はよく「何事も利点は欠点、欠点は利点である」と言っているが、心理士にとって薬物療法ができないことは欠点であるように思えるが、実は利点だったりする。

うつ病といくつかの精神病については、薬物の効果が完全ではなく、また、そもそも疾病のメカニズムが完全に分かっているわけではないのだから、全てのうつ病で薬物が完全に効くはずが無い。

フロイトの精神分析が主流だった頃は、精神分析をうつ病などに適用する試みもあったが、なにせ時間がかかってしまう。それでも神経症ならば夢分析などで多少の効果の実感を得られるが、うつ病に対してはどうやら効果も無いということがわかってきた。

こうした中、行動主義をベースにした行動療法やそれに認知心理学的観点を加えた認知行動療法が心理療法として注目をあびるようになってきた。特に不安障害やうつ病に効果的だと期待されている。そして、行動療法を第一世代、認知行動療法を第二世代としたとき、現在では第三世代の波が来ているとされる。そして、そのキーワードにマインドフルネスがある。

✝自分を深く知り世界と調和するために

マインドフルネスとは何か。たとえばカバットジンはその初期の著作で次のように言っていた(一九九〇)。

マインドフルネスとは、特別な注意の払い方、つまり、一瞬一瞬の気づきの状態のことである。その状態において人は何も判断することなく、心に寄せ来る異なる感覚・思考・知覚を受容している。

ところで、Mindfulnessは英単語としても妙な形になっていることに気づいただろうか。Mind（心）という名詞にfulという接尾辞がついて、あえて言えば「心が満ちているとか心で満ちている」というような形容詞になり、さらにnessという接尾辞がついて名詞化しているのである。心が／で満ちている状態、とでも訳すべきだろうか？　じゃあ、何が心で満ちているのか、という対象語にあたる部分がないので、わかりにくいが、これは身体である。

そもそも英語のMindは日本語で心と言う時よりは少し理知的なニュアンスを含む。「考える」というような機能を含むものである。日本語では「心で考える」とは言わない（むしろ心で感じると言う）から、そこが少し違っている。Mindfulnessは心が身体中に充ち満ちている状態のことを指しているのである。ここでいう心は何かを感じるというような受け身的なものではなく、「心を配る」という時の心配りに近く、意識を行き渡らせるというようなことである。

自分の身体に対して隅々まで意識を行き渡らせる、ということがMindfulnessなのである。では、どうしてこういう奇妙な英単語があるかというと、もともとはパーリ語の“Sati”に由来する新造語だからである。

カバットジンはこの本の冒頭においてマインドフルネスとは太古の仏教者の実践であるが、仏教者になることを目指しているのではなく、（仏教者が目的とする）世界や自分自身との調和と共に生きることに関係していると述べている。仏教の目的は仏教者になることではなく、仏教を通じて何事かを達成することにあるのだから、それと同じだということを彼は言いたいのだろう。自分を深く知り世界と調和するということがカバットジンにとってのマインドフルネスであり、それを行うことがストレス低減に結び付くというのが基本的な主張である。

この本はある意味で瞑想《めいそう》の実践手引き書である。カバットジンは、瞑想は特殊なことではなく、ゾンビになることでも、東洋の哲学家になることでもない、としている。瞑想は自分自身になることであり、自分が誰であるかについての何かを知ることである。

簡単に言うのは難しいが、あえてラフに言えば、過去や未来について思いを巡らすヒマがあったら、自分の身体の今の状態に心を配れ、気を回せ、ということになる。

ボディ・スキャンという手法がある。足のつま先からアタマのてっぺんまで、今、どのような状態なのかを意識することである。そして、マインドフルネスとは、そのように意識で身体を満たすことなのである。このような手法が、なぜうつ病などに効果があるのか、また、全てのうつ病に有効なのか、は曖昧な面もあるが、こうした手法の自己実践によって回復の手がかりを得た方々が数多く存在するのも事実である。過去にあんなことがあった、きっと明日もひどいことになるんだろうなあ……などと考えるのではなく、今の自分の身体について意識を集中すべきなのである。

†いまここを重視する

さて、マインドフルネスはパーリ語のsatiが語源だと紹介したが、この「sati」を漢訳すると「念」になる。この字は、『万葉集』の時代には「おもう」と読まれていた。念は「今」「心」から成る。白川静による白川文字学の助けを借りれば、「今」は、瓶に蓋をするかたちであり、ギュッと心に詰め込むように「おもう」ということになる。

念という語が念力という語に使われたりして、若干アヤシゲだから問題になるのかもしれないが、パーリ語のsatiと念は同じことであり、マインドフルネスもまた、「今、心を充満させる」ということになるのだろう。過去や未来について思いを巡らすのではなく、今の心を充実させるのが念でありマインドフルネスでありsatiなのである。

今、心を、充実させる、という考え方は実存主義に通じる。フランクル(20)の強制収容所の体験がなぜ人の心を打つのかと言えば、滅多に経験しない過酷な状況における「いま、ここで」の心理が、他の様々な状況での心理に通じるからである。フランクルのような状況を経験しなければ実存主義的に生きられないのではなく、たとえばマインドフルネスの実践は、今、ここ、を重視して充実した生き方をするためのヒントになるかもしれない。

カバットジンは医学部で働いており、もともと精神科医であるが、仏教にも造詣が深く、マサチューセッツ大学メディカル・センターのストレス・クリニックを創設した。「ストレス対処およびリラクゼーション・プログラム」を開発し、その指導にあたっている。医学と仏教の接点としての禅があり、心理療法へと展開していったのであろう。

慢性的な痛みやストレスをもった患者に対して、注意集中力を高めることによりリラックスした状態をもたらすというこの方法は広く受け入れられつつある。

心理学的には、行動療法から認知行動療法へという流れの中に東洋的「行」の要素を取り入れられた意味で新しい流れであると考えられている。彼がアジア系の出自をもつことがこうした新しい手法を可能にしたことは言うまでもないだろう。

Jon Kabt-Zin, *Wherever You Go, There You Are: Mind fulness Meditation in Everyday Life*, 1994
(邦訳：田中麻里監訳、松丸さとみ訳、星和書店、二〇一二)

7 ラマチャンドラン『脳のなかの幽霊、ふたたび』(原著刊行年 二〇〇三)
——脳のなかの意識ではないもの

ラマチャンドラン(一九五一—)心理学者・神経科学者。『脳のなかの幽霊』に続き、臨床研究から得た知見をわかりやすく描く。

†脳の中の混線と断線

脳神経科学者ラマチャンドランのテーマは、混線と断線である。知覚や感覚の身体的基盤が脳にあることを前提に、幻影肢《げんえいし》(切断された腕や脚があるように感じる)、半側空間無視(大脳半球に障害がある時、その逆側の空間の刺激に反応しない)、カプグラ症候群(自分の親しい人が外見は同じであるのにナカミが入れ替わってしまったと感じる)、共感覚(音を聞くと色が見えるなど複数の感覚が共起する)などの不思議な現象は、脳内における混線と断線によるのだということを説明したのが一連の彼の研究であり、それを分かりやすく出版した三冊のうちの二番目が『脳のなかの幽霊、ふたたび』である。

この本の書名の幽霊は「ファントム」に対応する日本語である。この語でラマチャンドランが言いたいことは、私たちの脳の中には意識主体だけが存在するわけではないということである。フロイト(11)の無意識とは少し異なるニュアンスだが、意識することだけが私たちの行動と直結しているわけではないということを強調したのである。

この本のハイライトは、幻影肢の治療である。幻影肢とは、何らかの理由で存在しない手や足があると感じたり、場合によっては、無い部位(手や足)が痛くてたまらないというような症状をもつ現象である。この幻影肢は、戦争が大規模になり四肢を失う人が増えた時、大きな社会問題となり関心を集めるようにもなった。この状況は世界中で変わっていない。今なお多くの人々が戦闘で傷つき手足を失い続けているのである。戦争するということは戦死者を出すだけでなく、傷痍軍人を生み出すことなのであるから、こうした面にも注目して日本の政策判断の是非を誤らないようにしてほしい。

鏡を置いて、あたかも自分の手があるかのように見せると、幻影肢の感覚が無くなるということをラマチャンドランは明らかにした。これは『脳のなかの幽霊』でも取り上げられていたが、この本では写真つきで説明されている。手が無いが故に痛みを感じ、鏡を用いて、あたかも、手が存在するような演出をすると痛みは無くなるというのである。

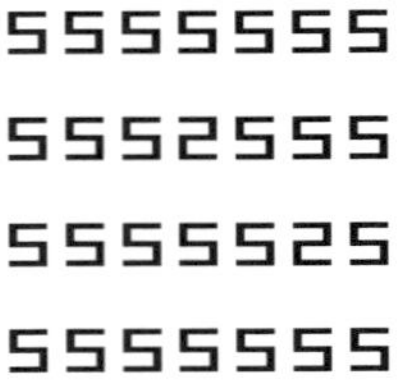

数字に色がついて見える

```
5555555
5552555
5555525
5555555
```
2は何個ある？

立命館大学の心理学教室を開いた内藤耕次郎は、色聴(しきちょう)の持ち主であったという。すべての音が特有な色彩に見えるというものであり、立命館大学心理学研究室にはその記録が残されている。金八先生で有名な武田鉄矢さんも、音を聞くと色が見えるのだそうだ。小学校の時、音楽の時間に曲を聞くと色が見え、その雰囲気を曲の感想として言うと、先生に褒められた、とラジオ番組で話していた。その番組は本を一冊ずつ紹介するという番組なのだが、その時に紹介されていたのはラマチャンドランの本だった！このように異なる感覚が同時におきる現象を共感覚と呼んでいる。共感覚の人は二〇〇人に一人はいるのではないかと考えられている。約一〇〇年前にイギリスの心理学者ゴールトンによって記述された現象だという。さらに驚くべき現象もある。それは数字に色が付いてみえるという共感覚である。五はいつでも赤、六は緑……というようなことになるらしいのだ。

数字に色が見えるかどうかは右上のような図を見ればすぐ分かる。全部で二八個の数字のうち「二」は何個あるだろうか？

数字に色がついていない人は、何度か見直す必要があるけれど、二と五に違う色が見えるなら、その違いは一目瞭然となり、「二」がいくつあるのかを数えるのも簡単である。

ここで、正常と異常ということについて考えることは無駄ではない。共感覚は異常なのだろうか？　共感覚は一般に二〇〇人に一人程度に見られる現象であるので、滅多に無い＝少数派＝異常というレッテルを貼られかねないが、もし共感覚者が二〇〇人のうち一九九人で、共感覚がない人が一人であれば、共感覚がない人は異常というレッテルを貼られることになるだろう。違い＝個性であると考える必要があることを、共感覚という現象は私たちに教えてくれるのである。

†ペンフィールドによる脳地図

ラマチャンドランが、自説の展開のために参考にしているのがカナダの脳神経科学者ペンフィールドによる脳地図である。脳地図は、脳の様々な部位がどのような働きをしているのかを文字通り地図のように表現したものである。脳と呼ばれる部位が人間の精神とどのような関係にあるのか、ということには様々な立場がある。だが、現在では異なる部位が異なる役割を果たしているという「局在説」が支持されているようである。

骨相学、という学問を聞いたことはないだろうか。通俗化されて、「おでこが広い人はアタマがいい」などと言われることがあるが、その考え方は一九世紀初頭に西洋で流行した。一九世紀の中頃になるとフランスのブロカが脳の特定の部位の損傷が失語という症状をもたらすことを明らかにし、ついでウェルニッケも同様のことを明らかにした。二〇世紀になると大脳の解剖学が発展し、キャンベルはチンパンジーとヒトの大脳を比較して、大脳を二〇の異なった領野に分類した脳地図を作製した。ブロードマンは、大脳皮質組織の神経細胞を染色することによって、同一の組織構造をもつ部分を同じ色で着色することに成功し、脳の構造的な仕組みを可視化することに成功した。それによると脳は五二の部位に分けられるとのことであった（彼の脳地図は現代も使われている）。

ペンフィールドはさらに画期的な方法で研究を行った。彼は、てんかんの治療のために脳の特定の部位を切除する手術を行っていた。そして、開頭手術の際に大脳皮質を弱い電極で刺激することにより、ある部位を刺激すると鮮明な記憶がよみがえることを発見した（一九三三）のである（ちなみに脳には痛覚がないので痛みを感じることはないとのことであるが、このような実験が許されるかどうかは研究倫理の本質そのものであり、簡単に答えることはできない）。

彼の業績のうちで現在でもよく知られ、ラマチャンドランも使用しているのが、側頭葉における身体部位との対応を描いた図である。ペンフィールドは慎重な検討を行った上で研究を進め、皮質と各器官との関係を明らかにしたのである。脳の両側にテープのよう走っている領域を刺激することで、様々な感覚を生じることがわかったのである。

さらにペンフィールドは共同研究者と共に脳の機能局在の様子を示した「脳地図」を発表した（一九五〇）。たとえば、手のひらを司る脳の部位というのをマッピングしたのが、ペンフィールドの功績である。この地図が明らかにしたのは、手のひらの感覚や運動を司る脳の領域が他の部位を司る領域にくらべて広範だということである。次の図の下に妙な人が描かれているが、脳の部位の比率を人間の身体に当てはめると、手や口が異様に大きくなるということを示している。脳が手指や口唇から得る情報を重視していることが分かるのである。

『心理学の名著30』でもすでにいくつかの項でとりあげているように、心理学においては、ヒトの心理について、受動的なものと能動的なものを分けることが多い。外界の刺激を「受けた」上でどのような反応や行動をするのか、ということと、外界に対して主体的に働きかける行動とを漠然とではあるが分けるのである。ペンフィールドは受け身的なものを感覚性という語で表現し、主体的なものを運動性という語で表現しているのである。

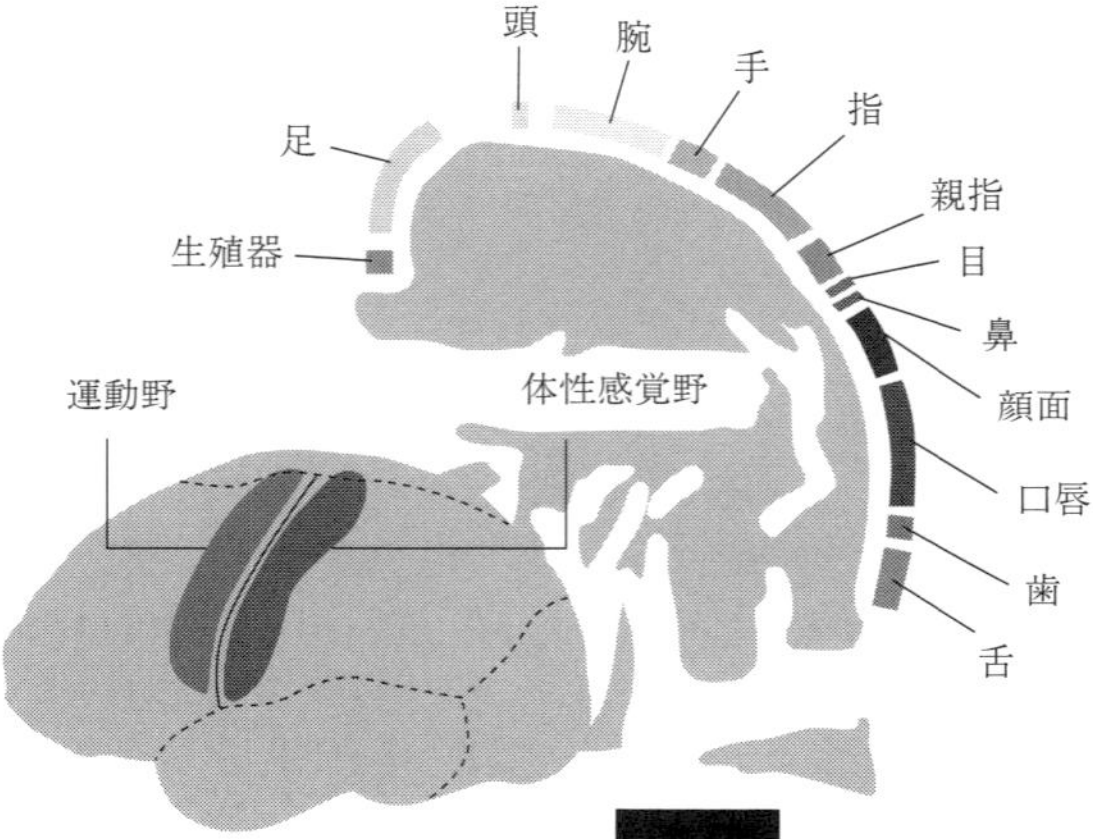

ペンフィールドの脳地図

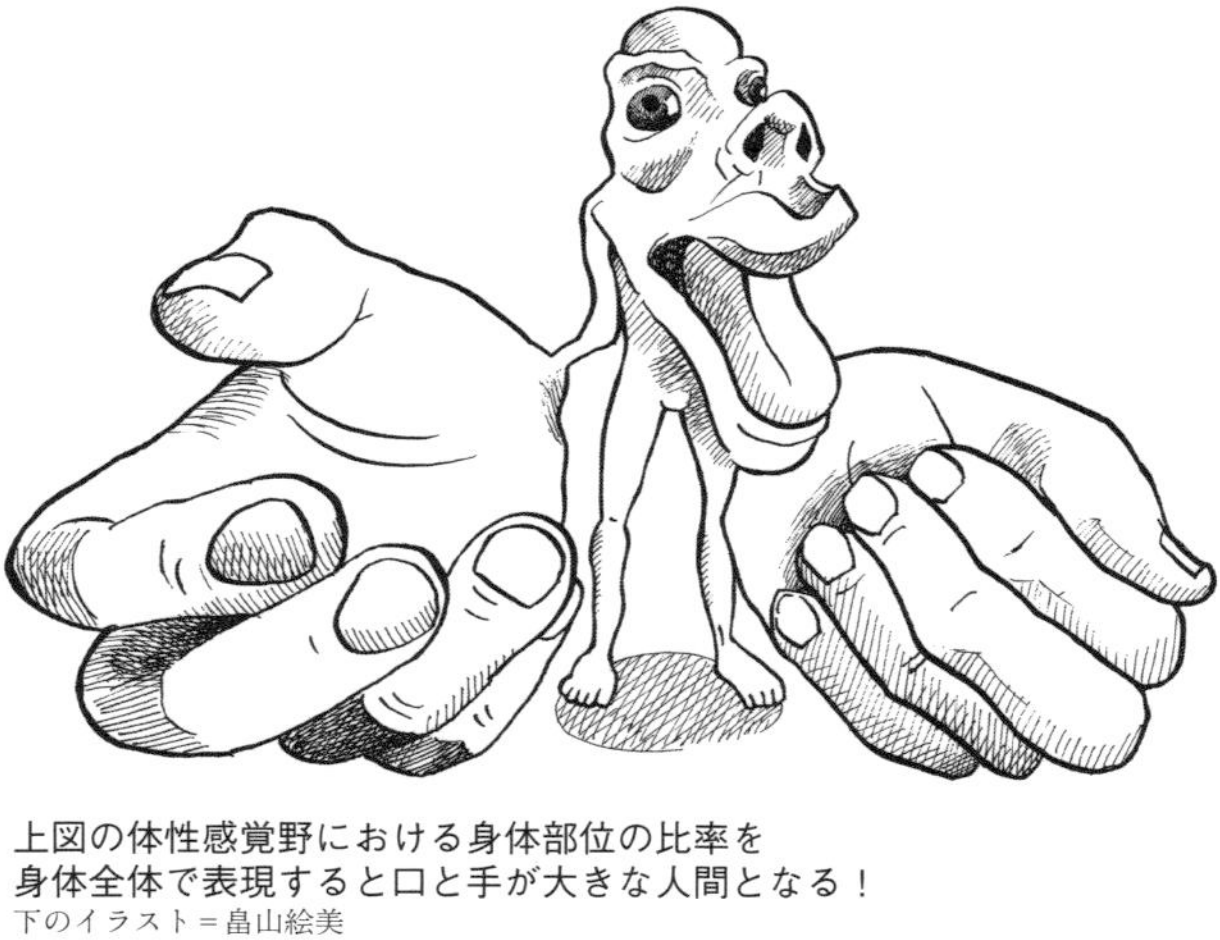

上図の体性感覚野における身体部位の比率を
身体全体で表現すると口と手が大きな人間となる！
下のイラスト＝畠山絵美

†言葉によって失った知覚

その第二章においてラマチャンドランは、見ることに焦点をあてている。彼は脳の中に、知覚の二つの経路があることを紹介している。「何を＝what」と「どのように＝how」の経路である。

たとえば、盲視という現象がある。これは、見えると思っていなくても見えているということを比喩《ひゆ》的に表した表現である。左右どちらかの視覚皮質が損傷されると、その反対側にあるものが見えなくなる（左の比較皮質が傷つくと右側にあるものが見えなくなる）。ところが、第二章に紹介されているワイスクランツらによれば、右側に光の点を出してみて、その光点の位置を指で示すように依頼すると、かなりの確率で成功したというのである。私たちは外界の中にあるモノを見るとき、それが何であるか、ということだけではなく、いかようにあるか（「縦・横・高さ」の三次元のどこに位置付けているか）を判断しているようなのである。そして、後者＝外界のどこに位置づけられどのようにあるか、ということは進化的に古い経路だという。逆に言えば「何」があるかを見るのは進化的に新しい経路だというのである。

仮に外界が敵だらけだとすれば、それが「何」であるかより、「どのように」あるのかの方が重要な情報である。つまり、それがこちらに向かってくるのかあちらに行くのかなどの情報が（それが何であるかより）重要であることは納得がいく。自分が見ているものがライオンであるかウサギであるかより、その見ているものが自分を食べに来るのかどうか、の方が重要であることは論を俟《ま》たない。

それが何であるか、を見て語ることは、ヒトが言葉を獲得し、概念で世界を分節化するようになった結果として現れた新しい現象なのである。ラマチャンドランは幽霊と表現したが、過酷な外的状況をサバイバルするには、言葉など要らないだろう。言葉があるからこそ、私たちは左右いずれかの皮質が傷つくとその反対側が見えなくなるのであり、言葉以前の状態であれば、それが何であるかにかかわらず、自身の身体で反応できるのである。私たちは概念で世界を語ることによって失ったものがあり、盲視などという命名をすることが、そもそも間違っているのかもしれないのだ。

Vilayanur S. Ramachandran, *The Emerging Mind*, 2003

（邦訳：山下篤子訳、角川文庫、二〇一一）

8 ダマシオ『デカルトの誤り』（原著刊行年 二〇〇五）
——身体と精神は別ではない

ダマシオ（一九四四—）脳神経科学者。『デカルトの誤り』は心身二元論を批判しつつ、有機体としての心・脳・身体の関係をひも解く。

†「我思う故に我有り」は本当か？

この本のタイトルは『デカルトの誤り』である。デカルトといえば、哲学者である。哲学に興味がない人でも、アリストテレス、デカルト、カントなどの名前を聞いたことが無い人はいないだろうというくらいの有名人である。哲学など意味がないと思う人もいるだろうが、実際には私たちの生活の基盤の基盤を支える根本的な考え方と格闘し創造する学問である。そして「我思う故に我有り」というキャッチフレーズで心身二元論の基礎を作ったのがフランスの天才ルネ・デカルトなのである。

「我思う故に我有り」は、デカルトが『方法序説』（一六三七）で公にした命題である。

あらゆることの存在を疑って疑って……（中略）……疑ってみても、疑っている自分がいるということは確からしいので、その確かなことから考えを始めてみよう、という宣言である。もちろん、その当時の世界観（キリスト教の絶対的優位）をもとに、個人が格闘してたどりついたものである。なお、デカルトがこの命題のもとになる思考にたどり着いたのは彼が兵士だった時である。戦乱の続く時代に生きる者としての懐疑には、実存的な悩みが投影されていたのかもしれない。こうした時代背景と個人的事情により全てのことを疑うという学問的姿勢を取り得、さらには「我思う故に……」の命題にたどり着いたということは興味深い。

また、このデカルトの思考によって、思惟《しゆい》と延長の分離が定式化されて近代科学が成立する礎《いしずえ》となり、世界とは独立に近代的自我が確立する契機ともなった。（近代世界の功罪はともかくとして）二一世紀の今ここに存在する人類社会の根本的な思想基盤を作ったのがデカルトだったと言っても良いのである。ただしデカルトは当時の神学者からは無神論を広めるものとして非難されていた。

†神経心理学における有名な参加者たち

デカルトは誤りだったとダマシオは言う。この本の第三部第一一章の「デカルトの誤り」という節を読むと、デカルトに由来する心と身体を分ける心身二元論が間違いなのだ、ということを主張しているとわかる。身体の一部である脳はコンピューターで、心はプログラムである、というような切り分けはできないのだ。どうやらダマシオは、心身を二元論的に考えることは誤りで、存在することは、身体でもあり心でもある――延長でもあり思惟でもある――ということを「デカルトの誤り」というタイトルで表現したいらしいのである。

さて、心理学には有名な「被験者（あるいは研究対象者／研究協力者）」が存在する。心理学は人間を対象にする学問であるから、固有名詞をもった人間を相手に研究を行い、その知見から得ることが多々あるからである。そして、一九世紀の神経心理学の領域においては、ゲージという有名人がいる。彼は、アメリカで鉄道建築の技術職として仕事もでき部下の信頼も厚かった。ところが、ある日、災難がふりかかる。大きな鉄の棒が頭を完全に突き抜けて彼の左前頭葉の大部分を破損するという事故がおきたのである。

こうした事故にあいながらも一命をとりとめたゲージであったが、事故の前と後とでは、何かが違ってしまった。簡単に言えば粗暴な人になってしまった。おそらく脳の一部が損壊したことの影響であろう。人間の脳を一部とはいえ壊して研究することは、研究倫理上（というより常識で考えて）絶対に不可能であるが、彼の事故は意図せずして「自然の実験」状況を作りだしたのである。

ダマシオのこの本にはこのゲージのことも触れられているが、主人公とも呼べるのはエリオット（仮名）である。このエリオットの身にどのようなことが起きたのであろうか？

†感情が欠落すること

乱暴に言ってしまえば、ダマシオが着目したのは、人間における行為選択の問題である。選択肢が複数存在する時に、ある行為を選ぶということ、ここには単なる理性的判断だけではすまない何かがある、と言うのである。

明日、デートに行こう。晴れたら、野球を見に行く。でも、雨が降ったらどうしようか？　映画にしようか水族館にしようか？　どっちが彼女が喜ぶだろう？　こういう選択肢の設定というのは私たちの生活では特段変わったものではない。わざわざ意識しなくても、何となく実行できているものである。ところが、第一部第三章で紹介されるエリオットにとっては、こうした選択肢が、単なる命題の羅列《られつ》にしかすぎず、自分が実行するものとして立ち現れないというのである。

商社で働き誰からも尊敬され、家庭でも良き夫・父であるエリオットを頭痛が襲った。脳を覆っている膜（髄膜）にできる悪性腫瘍、髄膜腫《ずいまくしゅ》であった。手術を行ったところ、髄膜腫と共にダメージを受けた前頭葉組織も切除する必要があったので、それも除去した。手術は外科的に成功だった。手術後の様子を見る限り、知性や性格にも変化は見られなかった。

しかし、日常生活に復帰したエリオットには異変が見られた。何かを決めることができなくなってしまったのである。朝起きて次に何をするべきか、顧客のレポートを読んだ後にどのような紙にそれをまとめるか（内容をどうまとめるかではなく、複数の紙のうちどの紙に書くのか）、そういう選択が立ち現れるや否や、決断ができなくなってしまうのである。生活は破綻し、家族とも離縁。さらなる結婚と離婚。身の回りの世話をする人がいなければ何も決断できないエリオットは場当たり的な生活を始める。ある時は会社を興したこともあったが、すぐに破綻した。このような人物を福祉制度が支援するべきか、単なる怠け癖ではないのか、というような意見も出されるなか、エリオットは精密な神経心理学的検査を受けるべくダマシオの前に現れたのである。

神経心理学的検査では異常は見出されなかった。このことは、心理検査の性質を考える上で興味深い。相手を受動的な状態に身をおかせて何かをするように迫るのが心理学的検査の本質であり、エリオットはこうした強制された行動は何なくこなせた。このような検査で異常が見出せなかったことは心理学のある種の問題をあぶりだしているように思える。

そこでダマシオが注目したのが感情である。医師として面談していると相手が穏やかな感情の持ち主であることは極めて嬉しいことである。何かあれば医師を罵倒《ばとう》するような患者は願い下げだし、自分を卑下しまくり泣かれるのも気が滅入ってイヤになる。そういう意味でエリオットは穏やかな感情の「良い患者」であった。しかし、それはエリオットの決定的な欠陥を示すものであった。つまり、彼は何も感じなくなっていたのである。

お腹が減った！　何か食べよう！　そうだ！　おいしいカレー屋にいこう！　というような時、実は感情が行動をガイドしている。Emotion は時に情動と訳されるが、Eは向かう、motion は行為、であるから、まさに行動に駆り立てるものが感情なのであり、エリオットにはそれが欠けていたのである。

†有機体としての人間

「あの人は感情的に判断する人だ」という表現は、たいてい悪口である。感情に左右されずに考えることは理性的な思考であるとされ、好ましいものだとされる。しかしダマシオによれば、それも時と場合による。ヒトは判断する時に感情的な何らかのメカニズムの助けを借りていると彼は考えた。彼は、それを「ソマティック・マーカー（＝身体的な意味づけ機能）」によるものだとした。

ダマシオのソマティック・マーカー仮説とは何か。人間は外界で何かが起きた時、あるいは、何かをしようとした時に、身体全体で何らかの反応をしており、それは化学的な基盤をもつ何ものかとして現れるというのである（ここで大事なことは物理学的基盤ではなく化学的基盤だということである）。逆に考えると、何らかの化学的な身体反応があり、私たちはそれを――意識的か無意識的かは別にして――感知しうるからこそ、判断において不要な選択肢を無視することができる。

さらにダマシオは、前頭葉組織を切除したエリオットに感情がなくなったと考えたのだが、剝《む》き出しの瞬発的な感情ではなく、二次的な感情が無くなったと考えた。難しい話には立ち入らないが、身体に基づく化学的反応、化学的反応に基づく感情的反応があるからこそ、私たちは日常生活で様々な判断を行えているのである。

エリオットの他にもこうした人がいる。その患者は、ある寒い朝、ツルツルに凍った道を運転していた。前の車がスリップした。それでも彼は何の動揺もなく自分の車をコントロールし得た。そしてこの話をダマシオにする時も、何の感情も交えずに淡々と話した。その同じ患者に、次の予約を入れるに際して、ダマシオは二つの日を選択肢として提示した。するとその彼は、この二つの日のどちらにすれば良いのかについての条件比較を延々とし続け、結局のところ決められず、ダマシオがどちらか一つの日を提案せざるを得なかったというのである。形式論理の命題であればともかく、日常生活の決定を理性的な思考だけで行うことは極めて困難だというのがダマシオの主張である。彼はこの『心理学の名著30』第四章でとりあげるカーネマン(30)の行動経済学の例についても言及しており、両者の関連は興味深い。

ダマシオはなぜことさらにデカルトを批判するという態度を取るのか？　また、デカルトの説にしても動物精気説ではなく「我思う……」を批判するのか？

こうした疑問はもっともだ、と彼も言う。その上で、第三部第一一章にもう一度戻ってみると「心のもっとも精緻な作用の、生物学的有機体の構造と作用からの分離」が問題だと言っている。精神と(物質としての)身体をいたずらに分離することは、両者をつなぐメカニズムを要請することに帰着せざるをえない。ダマシオによれば、身体(より正確には神経生物学的基盤に基づく有機体的メカニズム)と不即不離の精神という考え方に立つことができないことこそデカルトの考えの欠陥なのである。有機体としてのヒト、を唱える主張が、神経心理学的基盤をもって主張されることは大変興味深いことである。

『心理学の名著30』では既に脳神経科学者ラマチャンドランをとりあげている(7)。二人の違いを大雑把にきりわければ、「自発」と「受け身」という二分法で分けられるだろう。心理学は、人間の行動を「自発」と「受け身」という大きな区分で理解する、ということは本書で何度も取り上げられていることである。行動についてこの二分法を唱えたのがスキナー（3）である。パブロフは受け身行動を研究したのに対し、スキナー自身は自発行動の研究をするとしていたのである。それに即していえば、判断を取り上げているダマシオは自発的行動、痛みや共感覚を取り上げるラマチャンドランは受け身的行動に注目していると言えるかもしれない。

Antonio Damasio, *Descarters' Error/Emotion, Reason, and the Human Brain*, 2005（邦訳：田中三彦訳、ちくま学芸文庫、二〇一〇）

9 トマセロ『コミュニケーションの起源を探る』（原著刊行年 二〇〇八）
――人は協力するために他人を理解する

トマセロ（一九五〇―）米の認知心理学者。『コミュニケーションの起源を探る』は大型類人猿と人間の子どもの比較からコミュニケーションの進化を論じる。

†トルコと日本の協力関係

一九八〇年に勃発したイラン・イラク戦争は八五年に転機を迎えた。イラクが「イラン上空を航行するすべての航空機はイラク空軍の攻撃対象となる」という声明を出したのである。しかも四八時間経過後以降は無差別に攻撃するとのことである。イランに滞在する日本人は四八時間以内に航空機を用いて国外退去しなければならないが、イランと日本を結ぶ直行便はなかった。

日本から日本航空機を向かわせようとしたが時間切れとなり、日本人が絶望し始めた時、トルコ共和国政府はイラン‐トルコ定期便の旅客機とさらにもう一機を提供して二一五名の日本人をトルコに脱出させた。三〇〇〇人以上のトルコ人が脱出を待つ中、まず日本人が優先された。この時トルコの大使は「エルトゥール号事件のお礼」だ、と言ったそうである。一八九〇（明治二三）年九月、オスマントルコ帝国の軍艦エルトゥール号が紀伊半島の最南端・和歌山県串本町沖で遭難《そうなん》し、約五〇〇人の犠牲者を出した。しかしその一方で地元の人々の懸命な救命活動で六九名の命が助かりトルコに送り届けられた事件である。トルコでは教科書に載ったこともあり、それなりに知られている話であった。

一八九〇年、トルコの人の海難事故の救出に日本人は協力を惜しまなかった。一九八五年、日本人のイラン脱出にトルコ人は協力を惜しまなかった。そして両国の絆はますます強まっている。こうした協力的コミュニケーションは人間だけに特徴的なのだろうか？

†人は九カ月から社会の一員となる

トマセロはコミュニケーションについて研究する心理学者であり、本書はヒトという種に固有のコミュニケーションの特徴を明らかにし、系統発生的／個体発生的起源をつきとめることを目的としている。コミュニケーションは大きく言語コミュニケーションと非言語コミュニケーションに分けられる。言語によるコミュニケーションこそがヒトに特徴的なコミュニケーションであると、一般的には考えられているが、トマセロはもっと大事なことがあるという。

それは、人間のコミュニケーションは協力志向だ、ということである。コミュニケーションには、「(事実の)伝達」と「要求」があるというのが従来の考え方の主流だった。スキナー(3)は行動主義の立場から、言語は要求言語行動(Mand)と報告言語行動(Tact)に分類できるとしたが、それは従来型の考え方の一例である。それに対してトマセロは、(感情や見方の)共有が、要求、伝達に加えた人間のコミュニケーションの基盤だという理論的枠組を提示し、ヒトを含む動物の行動を研究してきた。

その後、彼は九カ月革命を提唱した。つまり、ヒトは生後およそ九カ月前後に、子どもは言葉を習得するための土台を築くというのである。そして、他者(自分の周りにいるオトナであることが多い)が意図を持っている存在だと理解するようになる。具体的には指さしの指された方を見ることができるようになる。見て欲しいという相手の意図を読めるようになるのである。

周囲のオトナが「きれいな花があるよ! あっち見てごらん!」と言いながら指さしした時、九カ月未満であれば子どもは相手が何かを意図しているようには捉えていない。指先を見てしまったりする。しかし九カ月頃からその人が「花を見てほしい」と思っていると分かるというのである。

かつてスピッツというアメリカの精神分析学者によって八カ月不安という語が提唱されたことがあった。これは、八カ月までに自分の周りにいる人が、「その人である」と同一視できることを前提として、その人がいなくなることへの不安である。八カ月未満の子どもは、たとえ同一人物であっても昨日会った人と今日会った人を同一人物だと捉えられないという。ところが、八カ月ころからは、一人の人物だと捉えることができるようになり、だからこそ、いなくなると不安になるというのである。

ヒトは鮭の子と違って生まれてから一人で泳いだり生きていったりするということはなく、周囲から生存のために様々な配慮を受ける。これこそがヴァルシナー(29)に言わせれば「文化」なのであり、それを最初に担うのは養育者たちである(ただし生物学上の実母である必要はない)。

それらの人のうち重要で頻度の高い人をその人であると認識し、感情や見方の共有を行えるようになるのが八、九カ月頃であるとするなら、この時期はヒトが文化・社会的一員としての人へと変化する時期なのかもしれない。自分と自分以外の人との関係の構築は社会関係の始まりであり、このはじまりをトマセロは九カ月革命と呼んでいるのである。初期においては自分の養育者が社会の全てであるが、人は成長に応じてその社会を広げていき、多様なコミュニケーションを実践するようになっていく。

†子どもの心理学の歴史

後出のエリクソンの項（15）で、子どもを対象にした児童研究が生涯発達心理学へと変貌する様相を略述しているので、ここでは子ども（中でも乳幼児）を対象とした心理学的研究動向の変遷《へんせん》を見ておくことにする。

そもそも、西洋では、幼児は突然成人になるものと思われていた。子どもに労働させていたというのも、今から見ればそう見えるだけの話で、人間には成人前と成人後しか無かったのであり、働ければ成人になるのであった。そうした中、子どもが発見され（社会史家アリエスの指摘が有名である）、子どもについて理解したうえで養育しようという風潮が起きてきた。

進化論の提唱者として知られるダーウィンは一八七七年に我が子の観察をもとにした論文を発表した。また、フロイト（11）をアメリカに招聘《しょうへい》したことで知られるホールは、心理学者や教師や親などが、その立場で子どもの様子を観察・報告するという児童研究運動を提唱した（一八九三）。ビネ（10）もこうした流れの中で我が子の知的発達について関心をもって研究していたのであった。加えて、子どもの言語発達に関心を持ったのがドイツのシュテルンである。彼は、子どもの発話を経時的に観察し、一語文から二語文への移行を発見した。犬を見た子どもが一言、「ワンワン」と言ったとすると、それは鳴き声の真似ではなく「犬がいる」という描写だとしたのである。つまりオトナが文章で表すことを一言で述べているのだ。これが一語文であり、一歳を過ぎた頃から出現する。そして発達に伴い二語文へと変化する。

その後、心理学にはピアジェが現れる。彼は、子どもの知性の発達は背が伸びるというような量的な変化ではなく質的な変化であり、それまでに無かったものが新しく発生するのだ、という発生的認識論の立場から研究を行った。

彼は三人の子どもたちに問答法（臨床面接法）という手法（子どもが何を考えているかを丁寧に面接する）で、子どもの思考の質的変容を理論化した。子どもの思考は基本的に自己中心的で、たとえば、三ッ山課題と呼ばれる課題では、三つの山から成る模型を子どもに見せ、自分の対面に座った人からどのように見えるかを尋ねる。こうしたことについて、ある時までの子どもはいくら教えても分からない。そして時期がくると子どもの認識様式は質的に変容し他者の視点から見える風景についても理解できるようになる。

第二次世界大戦がおきると、親を失った子どもが数多く出現することになった。そうした子どもたちは施設に収容されるのであるが、発育不良・素行不良が問題になった。イギリスの精神分析家ボウルビーは、問題児になる子どもの素質が問題なのではなく、施設では子どもに関わる養育者の数が不足していることが問題なのだと指摘した。

一九六〇年代になると「有能な乳幼児の発見」が起きた。一九世紀末のジェームズ(1)は乳幼児のアタマの中は蜂が飛んでいるような状態で、だから子どもは泣くのだ、というような説明をしていたし、それが許容されていたが、二〇世紀中葉の心理学者たちは、巧みな実験を用いて子どもの視力を測定したり、たとえ日本人の子どもであっても生後直後はRとLの聞き分けができることなどを示した。

一九七〇年代以降、共同注意についての関心が高まった。トマセロは共同注意と初期言語の関係に着目し、また、自閉症が共同注意を成立させるのが難しいことにも関心が高まった。バロン＝コーエンの研究によって、一般には四歳までに、他者が心を持つ存在だと思うという「心の理論」を持つが、自閉症児は「心の理論」を持たないのではないかとする考えが浸透した。

†「異なる視点」は人しかもたない

「視点」もしくは「異なる視点」という概念はヒトしか持ち得ない、というトマセロの指摘には新鮮な驚きがある。ピアジェの三ッ山課題が示したように、子どもはある時期まで他者の視点を持ち得ない。だが、成人が他者の視点を持ちうるということが、そもそも奇跡的なことかもしれないのである。同じモノを他の角度から見る人には自分とは異なる視点が存在する、と気づくことは重要である。視野が狭いとか、自分の視点からしかモノを考えられない、ということが致命的な欠点として見られることが多いのも、他者の視点を持つことが協力志向的な存在としてのヒトにとって重要なスキルだからに他ならない。

コミュニケーションの語源は共有にある。そもそも、自分と全く同じ視点を持ちうる他者はいないのだから、コミュニケーションは視点や意図の共有ということを含まざるを得ない。また、ヒトは成長の過程で、自分の行為が他者からどう見えるのかについて（再帰的な思考）も学んでいくことができる。

ウソをつきはじめるのはだいたい三歳以降の子どもである。子どもがウソをつくことは、自分がやったことが良くないことだと理解した上で、自分がやったこととは違うことを言えるようになることだから、認知的発達という意味ではおめでたいことだ。だが、多くの親はそんなことで喜べないし、むしろショックをうける。そして、子どもに「あなたが自分のやったことと違うことを言っていることが悲しい」ということを伝える。やがて子どもはそれを理解するようになる。とはいえ、ウソをつくことで親の注意をひくことができることも理解して、あえてウソをつくこともある。このように何層にも及ぶ意図の推測を重ねてコミュニケーションを行うことができることがヒトの特徴なのだ。

さてこの本を一貫して貫くものが二つある。その一つは哲学者ヴィトゲンシュタインである（というのも本書の各章の冒頭部分には全てヴィトゲンシュタインの引用が置かれているからである）。もう一つはトマセロが主張する三つの仮説である。そのトマセロの三つの仮説とは以下のようなものである。

（1）協力に基づくコミュニケーションは、まず身振りの領域で進化した。つまり、個体発生の過程で生じる自然で自発的な指さしと物まねを通して発生し進化した。

（2）協力に基づくコミュニケーションの進化を助けたのは、「共有志向性」の心理基盤である。心理基盤とは、協調活動のコンテキスト（文脈）における共有を志向する動機とそれを可能にするスキルである。

（3）音声や記号による言語コミュニケーションが存在しうるようになったのは、協調活動がヒトにとって本質的であることに加え、ヒトにとって自然に理解できる身振りが存在すること、複数のヒトが共有を志向する心理基盤を持つこと、慣習や構文を作り伝えるための模倣や文化的学習のスキルが存在したこと、による。

以上について、様々な観察や実験に基づくデータを紹介して論じていくのがトマセロのスタイルである。第四章で例示した諸実験は豊かなアイディアにあふれ、それによって彼自身も自信をもって自説を展開する源になっている。

なお、トマセロはヒトのコミュニケーションは単なる共有以上のもの、つまり、協力的な営みであるという前提を持っていることも重要な点である。だからこそ、彼は常に「協力に基づくコミュニケーション」と言うのである。

最後に訳書一五六頁から抜き書きしてみる。

協力に基づくコミュニケーションは、人間に特有な協調活動の進化の一部として創発した、というのがわれわれの仮説である。（略）人間の協調活動と協力に基づくコミュニケーションはどちらも、何層にもわたる意図の推察と、他者に見返りなしに助けや情報を提供する傾向に依存している。

鶏が先か卵が先か、ではないが、冒頭で示した日本とトルコの時空をこえた協力的活動こそヒトならではのコミュニケーションそのものなのだと言えるだろう。見返りを期待しない協調を私たちにはできるだろうか？　できないとするなら、それをさせない社会的要因を排除しなければならないのかもしれない。

Michael Tomasello, *Origins of Human Communication*, 2008

（邦訳：松井智子、岩田彩志訳、勁草書房、二〇一三）

第二章 発達領域——「ひと」としての心理学

10 ビネ、シモン『知能の発達と評価』（原著刊行年　一九〇五）
——教育のための適切な検査

ビネ（一八五七―一九一一）仏の心理学者。『知能の発達と評価』は二人による知能に関する五つの論文を収録したもの。

†知能検査と知能指数は違うもの

日本という国の特徴はいくつもあるだろうが、翻訳大国だ、ということは誇って良い。デンマークのキルケゴールでも、イギリスのシェイクスピアでも、日本語で読むことができる。ノーベル文学賞の二〇一一年度受賞者であるトーマス・トランストロンメル（スウェーデン）の作品だって、二〇〇九年度受賞者のヘルタ・ミュラー（ルーマニア）の作品だって、日本語で読むことができるのである。

知能検査に関するビネとシモンの共同執筆論文（フランス語）を収録しているこの本を読んだときは、本当に、日本語で読めることに感激し、感謝したものである。

かつて知能検査及び知能指数を批判的に検討していた私は、知能検査と知能指数を同一視し、数字で人間を管理して人の自由を侵害するとんでもない道具だと思っていた。「知能とは知能検査で測定したものである」というようなフレーズを操作的定義だとして奉じている心理学者たちはどうかしていると思っていた。そして、その一番のもとになった知能検査を作った人、アルフレッド・ビネは、相当にトンデモないことを考え、トンデモないことをやった人なのだと思っていたのである。

ところが、アルフレッド・ビネは、私が考えていたような検査主義、数値至上主義、測定主義者、操作的定義主義者ではなく、目の前の子どもを、自分の目で確かめて、その子の未来を展望するために何をすれば良いかを考える人物だった。日本で一体どれくらいの人が知能検査を用いているか知らないが、ビネの原典を読まずに用いることは厳しく禁止すべきであると、私は考えている。あるいは手前味噌、我田引水だが、拙著『IQを問う』を読んでから使うべきである。

†当時のフランスの状況

ビネは一九世紀末のフランスにおいて、その当時において新興の学問である心理学に身を投じて研究を行っていた。彼は人間の思考過程に興味をもっていたが、子どもが暗示に影響を受けることにも関心があった。

さて、当時のフランスでは、全ての子どもたちが学校で教育ができる体制が整いつつあった。しかし、子どもによっては、集団教育のクラスの進度についていけない子（ここでは遅滞児と呼ぶ）もいる。そこで、行政側としては、遅滞児の客観的把握を行うことが急務となっていたのである。日常生活において自分や他人のことを、頭が良い―悪い（賢い―賢くない）というような判断をすることは稀《まれ》では無い。しかし日常生活において気楽に「あいつバカ……」などと言うことと行政が遅滞児を判定するのとでは深刻さが違う。後者は慎重に行われなければいけない。

学校で勉強についていけない子がいるとして、その原因には三つあると考えられていた。一つは能力的な問題であり、今の言葉で言えば知的障害である。もう一つは単に本人がサボっているという問題である。その中間に家庭などの環境に問題があり勉強どころではない、ということがある。このことを逆に考えると、ある子どもが学校の勉強についていけないとしても、その原因には大きくわけて三つあり、その原因を理解した上でそれに応じた対処方法をとらなければ効果は無いということになる。

アタマの良さをとらえる試みは一八七九年に心理学が成立した前も後も、様々な形で行われていた。たとえば、シュプルツハイムが創始した骨相学はアタマの形を捉えることでアタマの良い人が分かると主張した。キャテルという心理学者はメンタルテストという検査キットを考えた。心理学という学範（ディシプリン）が成立したことの大きなメリットは、実証主義の精神が持ち込まれたことにある。そして、実際に試みたあとに、それがうまくいったかどうかを検証することが可能になった。骨相学もメンタルテストも失敗であった。簡単に言えばピントがずれていたのである。

†総合的判断を重視する知能検査

そうした中、ビネは（シモンの協力を得て）それまでの知能検査と違って、総合的判断を重視する知能検査を作成した（一九〇五）。また、知的レベルの基準として子どもの年齢を使用することを思いついた。つまり、平均的な三歳児が行えることは「三歳児レベル」、平均的な四歳児が行えることは「四歳児レベル」というように基準を作った。つまり、何かができるとかできないという細かな判断をするのではなく、全体としてある子どもが何歳児レベルにあるのかを理解できるような仕組みを作ったのである。

これは今でこそ常識だが、ビネ以前にはこのようなことを考えた人はいなかったのである。

ビネは知能を単純なものではなく複雑なものだと仮定し、注意力、理解力、判断力、推理などの総体のことを指すものとした。失敗したメンタルテストは、それぞれの力を個別のテストで測ろうとしたのに対して、ビネは子どもの思考の全体を捉えるための方法を志向したのである。ビネとシモンは最初、三〇の項目を用意した。そのうちの最初の五つは以下のようであった。

1 凝視《ぎょうし》 燃えているマッチを目の前で動かしたとき、それを目で追えるか
2 小さな木片が手に触れたとき口に持っていけるか
3 遠いところにあるものを見、その後それをつかめるか
4 食べられる物（チョコレート）と食べられない物（木片）の区別
5 記憶力。「4」で用いたチョコレートをくるんだとき、チョコであることを覚えていられるか

実はこれらの項目は二歳児程度の知能の水準の項目であり、もし成人がこれらの項目に正答できないなら、重度の知的障害ありと判定されることになるのである。

ビネらはこの最初の検査が概《おおむ》ね妥当だということに力を得て、改変に取り組んでいくことになる。三歳ならできる項目、四歳ならできる項目、というものを事前調査を行った上で設定したのである。

この知能検査は精神遅滞児を弁別して特殊教育（スペシャルサービス）を受けさせるために力を発揮した。ビネ以前には適切な検査が無かったこともあり、実際の子どもの姿ではなく親に対する面接などで子どもの知的水準を推し量っていたのであり、それに比べるとビネの検査は大きな進歩を遂げたと言える。この検査は北半球世界に広がっていくことになるが、ここで面白いのが翻訳の問題である。知能検査は単に翻訳しただけでは使い物にならない。むしろ、日本なら日本の子どもたちに即して、三歳ならできること、四歳ならできることを丁寧に事前調査したうえで項目として設定する必要がある。

†誤用される知能検査

ただし、ビネの開発した知能検査は、丁寧に子どもを見てその実態に応じた教育を行うという彼本来の意図とは違う形で発展していくことになる。
・知能検査の結果を知能指数という数値で表したこと
・軍隊で成人に使用することになり集団式知能検査が開発されたこと
これがビネの知能検査を変質させた最も大きな二つである。この結果、低ＩＱ者に対して移民排除が行われたり、強制断種《だんしゅ》手術が行われたこともあった。こうしたことはビネの意図とは真逆である。

†検査することの権力性

私がまだ東京都立大学（現首都大学東京）の大学院生だった時、目が霞んでしまって不安になったので、近くにあった国立病院の眼科を受診した。

そこには清楚な感じの女医さんがおり、私は「目の使いすぎなのか、目がショボショボする」と訴えた。するとその女医さんは私に向かって「知能検査しましょう！」と言ったのであった。

え？　眼科で知能検査？　そんなことされてどうなるんだろう？　と思ってうろたえていると、その女医さんは、採血の準備にとりかかった。

彼女は丁寧に「血のお検査」と言っていたのであった。もちろん、血をとられただけで知能検査はされなかったが、知能検査をする／されるということ自体がもつある種の権力性というものを自分なりに実感した瞬間であり、知能検査に限らず心理学的な検査をする際には心がけねばならないことでもあると感じたのである。知能検査をする側は少なくともビネの精神を知ることが重要である。

ビネ、シモン『知能の発達と評価』（一九八二）

（邦訳：中野善達・大沢正子訳、福村出版、一九八二）

11 フロイト『精神分析入門』（原著刊行年　一九一七）
――心理学と精神分析のつながり

フロイト（一八五六―一九三九）精神科医。『精神分析入門』は対話的手法によるフロイト理論の最適な入門書。

†フロイトの前半期の総まとめ

「オールドミス教師がまたヒスを起こした」などという表現は二一世紀の今では既に廃《すた》れているはずであるが、二〇世紀後半生まれの私の小中学生時代にはよく聞いたものである。

マルクスとならぶ二〇世紀の思想の巨人とさえ言われるフロイトの前半期の総まとめがなされているのが『精神分析入門』である。本書は一九一六年から一七年にかけてウィーン大学医学部で行われた精神分析に関する入門的講義を出版したものである。これは三部構成、二八の講義から成っていた。

ここにおいて精神分析はその基本構造ができあがり、その後は緩やかな修正や発展がなされることになる。この本が出版された一五年後に『続精神分析入門』が刊行され、その後の発展の様子が収められている。

この本はもともと三巻構成で出版された。それは、とりもなおさず、ウィーン大学医学部における講義が三部構成であり、それまでのフロイトの学説が大きく三つで説明できることを意味するはずである。

その三つとは、「錯誤（しくじり）行為」「夢」「神経症総論」である。

フロイトは、しくじり行為と夢と神経症は連続するものでありつつも質が異なるものだと考えていたのではないだろうか。ちょっと分かりにくいので、水の例で説明してみよう。H_2Oという物質は温度が変わるとその状態が氷、水、水蒸気のように変化することが知られている。これを相転移と呼ぶ。温度が量的に変化するだけでなく、気体、液体、固体というように質的変化を伴うのである。

もし、化学の知識がなければ、氷、水、水蒸気が相互に変換可能だということに気づかないかもしれない。精神分析の理論枠組が無ければ「錯誤（しくじり）行為」「夢」「神経症総論」は異なるものでしかないが、理論枠組があれば、それは異なるものでありながらも連続しているものだと理解できるのである。

†独創的な発想

「錯誤行為」とはたとえば「言いまつがい」である（糸井重里『言いまつがい』新潮文庫、参照）。フロイトは、絶対に間違えてはいけないと自分でも意識しているにもかかわらず、生ずる言いまつがい、それは単なるエラーではないという。

フロイトがあげた例は、会議の議長の開会宣言である。これから、会議を開くときには非常に単純に「これから第＊回＊＊会議を開催します」と言えばよく、そこに言いまつがいが起きる理由は無いように思える。しかし、実際には「これから閉会します」のような間違いが起きることがある。自分が言うべきことと正反対のことを言ってしまう、という言いまつがいである。

フロイトによれば、錯誤行為は何らかの相対《あい》立する心的な意向同士の葛藤《かっとう》を表現したものであり、不快からの逃避が動機だという。開会宣言をする時と場所で「閉会」と言いまつがいする議長は、公的には議長として開会する意向がある。しかし、その裏には開会したくない意向がある。そしてその葛藤から、言いまつがい（錯誤）が生まれる。

また、夢という現象に心理学的な分析を持ち込んだのもフロイトの独創的なところである。

私が福島大学に勤めていた時、あるラジオ番組から「火事の夢を見るのはなぜか?」という疑問に答えてほしいという依頼がきた。回答はこうである。(1)誰か(たとえば妹)が、自分が寝ている時にライターやマッチで火をつけていて実際に熱い、もしくは(2)これ以上踏み込んだらヤバイと思っている何か(たいていは恋愛)があり、それに対する警告だろう。

夢は、起こさないように頑張っている、という面と、何かを警告する面とがある。もし、妹が姉の寝ているところで、火を燃やしているとしたら、熱く感じる。もし、実際の火事なのであれば、飛び起きて逃げなければならない。しかし、妹の悪戯《いたずら》だとすれば、一〇秒から数十秒程度で火を消して立ち去るかもしれない。ちょっとした悪戯なら、姉はおそらく、起きる必要はないはずである。実は、夢というものは外界を反映させながら、起きなくてすむように辻褄《つじつま》あわせのストーリーを提供しているのである。よく、夢見が悪いから飛び起きてしまった、などと言う人がいるが、それは夢に対する冒瀆《ぼうとく》である。夢は、むしろ、起きないようにストーリーを調整してくれているのである。飛び起きた悪夢の背景には無数の、「起きた時には忘れてしまっている」夢が存在すると考えれば、夢のありがたさも増すのではないだろうか。

医師であったフロイトは神経症（ノイローゼ）の治療に興味を持っていた。錯誤行為や夢に着目したのも神経症の理解と治療のためであった。面白いことにこの『精神分析入門』の目次構成は、フロイト自身が研究してその成果を公表したのとちょうど逆の順番になっている。つまり、彼は神経症の治療から始め、夢に注目し、その後、日常的なしくじり行為にも目を向けるようになったのである。

ノイローゼ患者の夢は、彼らのしくじり行為および自由連想と同じく、症状の意味を推測し、リビドの処分の仕方をあらわにするのに役立ちます（中公クラシックス、三五五頁）。

そしてフロイトは、ノイローゼ患者の夢は正常な人の夢と変わらないということも強調する。いわゆる精神病とノイローゼには違いがあるが、正常な人とノイローゼにはそれほど大きな違いがない、というのがフロイトの基本的考えなのであろう。フロイトは自分の治療法がパラノイアや早発性痴呆（精神分裂病→統合失調症）には無効であると自ら認めてもいた。

正常な人の中に神経質と呼ばれる人がいる。神経質こそが、正常とノイローゼをつなぐカテゴリーである。神経質な人は日常生活を過ごすことができるが、ノイローゼ患者は日常生活を送るのが困難である。ただし両者の違いは日常生活にかけるエネルギーがどれだけあるのか、という量的問題にすぎず、質的問題ではないから、ノイローゼ患者は「治りうる」とフロイトは確信しているのである。

†フロイト理論の魅力

フロイトの考えはその初期から支持されていたわけではなく、小さなサークルから始まっていた。一九〇二年以降、フロイトは自宅で水曜会（水曜心理学会）を開催した。これがウィーン精神分析協会に発展していく。アルフレッド・アドラーは初期からの熱心な参加者であった。一九〇四年には、スイスの精神科医でクレペリンの提唱した早発性痴呆という疾病単位に変えて、スキゾフレニア（schizophrenia＝統合失調症）という用語を提唱したオイゲン・ブロイラーも仲間に加わった。彼はフロイトの精神分析を高く評価したのみならず、弟子筋にあたるユング(12)を紹介し、そのユングは自由連想法と実験心理学を融合させた言語連想法の研究を行い、コンプレックス（心的に複雑なもの）の研究を進めることになった。

一九〇八年にはザルツブルクに、アドラー、ブロイラー、ユングなど四二名が集まり、第一回国際精神分析学会を開催した。ただし、この時点においてもフロイトの考え方は、ヨーロッパではどちらかと言えば批判されていた。フロイトの精神分析を受け入れたのは、彼の出身地のヨーロッパではなくアメリカであった。

ノイローゼ患者の症状は非常に辛そうである。どこかが悪いから、あるいは悪魔にとりつかれたから症状が発生するというのがそれまでの発想であった。たとえば、子宮が原因であるというように身体のどこかに原因があるという考え方もあったのであり、ヒステリー患者の子宮を摘出する手術が行われたりしていたのである。当時、ヒステリーは女性に多いとされた。女性だけが持っているものと言えば子宮。だから子宮が原因だろうと、これほど単純ではないだろうが、こうした思考が学説として受け入れられて、治療としての子宮摘出が行われていたのである。

しかしフロイトは、現実の生活がつらく厳しいとき、そのことに直面することを避けるために「防衛」という心的メカニズムが働き、それこそが症状なのだ、と考えた。フロイトが活躍した一九世紀末のウィーンでは、首から下の器官の名前を人前で呼ぶことさえも下品なことだとされており、女性は特に性的なことを表現することができなかった。また、男性は今よりも性的に独善的であることが許容されており、女性はその被害を直接・間接に受けていた。女性はそういうことを表現できないからこそ、性的なことで問題があるとしても、抑圧などの防衛機能が働いてしまい、神経症（ノイローゼ）の症状として現れると考えたのがフロイトである。

なお、フロイトの説を今日の目で見ると、父権《ふけん》主義的かつ女性蔑視《べっし》的な点が気になる場合もある。しかし、その時点の目で見るなら、人間扱いすらされない場合もあった女性の精神変調・障害に対して科学のメスをいれた点や、性行動や性欲のもつ意味について開かれた議論を可能にしたことは評価されるべきだろう。フロイトの議論によって私たちの意識が開発された部分もあるのであり、現在の私たちが後付け的に批判することには慎重でなければならない。

†新しい人間観としての精神分析

また、フロイトが人間発達において生後の養育環境を重視したことは、それ以前に優勢だった遺伝に基づく説明とは異なるものであり、人間の可能性を開くものとして、新大陸アメリカで受容される原因でもあった。ジョンズ・ホプキンス大学で心理学研究室を主宰していたホールはクラーク大学の創立と共に学長となり、一九〇九年のクラーク大学二〇周年記念カンファレンスにフロイトやユングなどを招いて講演を依頼した。この講演はドイツ語で行われたが、講演の英訳が「精神分析の起源と発展」として『アメリカ心理学雑誌』に掲載されると（一九一〇）、精神分析はアメリカに受け入れられ、大きな影響力を持つことになった。一般に行動主義と精神分析は水と油のように考えられることもあるが、人間の生後の経験・環境を重視するという点では一致しており二〇世紀の新しい人間観を形成するものであった。

フロイトの精神分析は、発達理論、自己理論、（神経症）治療法などが一体となって大きな理論を形成していたため心理学とも親和性が大きかった。後にエリクソン（15）はフロイトの精神分析からアイデンティティ（自我同一性）の理論を作りあげたが、それは発達心理学に対しても貢献した。治療法においては薬物を用いないという特徴があるため医学・医療というよりも心理療法との関係が深くなっていった。

Sigmund Freud, *Vorlesungen zur Einfü hrung in die Psychoanalyse*, 1917
（邦訳：懸田克躬訳、中公クラシックス、二〇〇一）

12 ユング『心理学的類型』(原著刊行年 一九二一)
——対立を乗り越えて

ユング(一八七五—一九六一)心理学者・精神医学者。『心理学的類型』は心の働きを重視し、独自の分析心理学の体系を打ち立てた一冊。

†ユングとフロイトとの対立

『心理学辞典』(誠信書房)によれば一九一二年にユングが『リビドーの変容の象徴』を刊行したことで、対立は修復不能なものになった、という。

対立とは、精神分析の創始者フロイト(11)とその弟子にあたるユングの無意識についての考え方の違いのことを指している。精神病者の妄想をフロイトは性的エネルギーであるリビドーの表れであるとしたのに対し、ユングは神話との比較で理解しようとしたのである。

無意識という「無い物」について対立するのであるから、その溝は大きくなるばかりであっただろうと容易に推察できる。

結果としてユングとフロイトは訣別する。

そもそもユングはフロイトの『夢解釈（夢判断）』を刊行直後（一九〇〇）に読んだようだが、あまり理解できなかった。ちょうど彼がバーゼル大学医学部を卒業した年である。その後、自身の言語連想に関する研究を行った後（一九〇五）、この本を再読して、理解したという。そして一九〇七年にユングはフロイトに初めて出会った。一九〇八年にはザルツブルクで第一回国際精神分析学会が開催され、アドラー、ブロイラー、ユングなど四二名が参加した。一九〇九年のアメリカ・クラーク大学二〇周年記念カンファレンスにあたっては、フロイトとユングは揃って七カ月にわたる講演旅行を行った。大西洋は船で渡った（実はこの長い船旅の間に二人の関係が悪化していった）。

さらに一九一〇年に国際精神分析学協会ができるとユダヤ人のフロイトはアーリア人のユングを会長に選任したのだが、アメリカへの講演旅行中から悪化していた二人の関係は一九一一年に明確な理論的対立となり、（冒頭に述べたように）一九一二年にユングが『リビドーの変容の象徴』を刊行したことで、翌年には完全に二人の関係は破綻《はたん》した。ユングはその後、方向を見失った状態となり、論文の執筆などはできない状態になった。

†フロイトとアドラーの違いから理論を見出す

ユング復活の狼煙《のろし》は、一九二一年の『心理的類型（Psychologische Typen）』によってあげられた。実はユングは、フロイトとの関係が破綻した後の一九一三年九月、「心理的諸類型の問題のために（Zur Frage der Psychologischen Typen）」という講演を行っていたのだが、その後、長い間まとめることはできなかった。フロイトとの別離のダメージを八年かけて癒やした結果がこの本としてまとまったのである。

ここでユングは精神分析の根本概念であるリビドーというエネルギーが中に向かう人と外に向かう人という二類型があると論じている。興味深いことに、この違いはフロイトとアドラーの対立から見出したのである。アドラーとはフロイトの門弟で個人心理学を打ち立てたあのアドラーである。彼はユングより一足先にフロイトから離反した。その対立の様子をユングは見ており、その狭間《はざま》で揺れていたのである。

ここで、少し回り道になるがアドラーとフロイトの関係を見ておこう。そのことによって、ユングの精神分析の立ち位置も明確になるし、何よりもユングの類型論の基本的アイディアを知ることにもなるからである。

フロイトの精神分析はその発表当時、ほとんど無視されていた。それにもめげずフロイトは自宅で水曜会（水曜心理学会）という名前の会を開催した。この会に初期から参加していたのがアドラーであった。一九一一年にフロイトと袂《たもと》を分かって自由精神分析学協会を結成するまで初期の精神分析学を支えていたのがアドラーだったのである。

アドラーは幼少期より虚弱であり、「くる病」で背が低かったことから、劣等感を持って生きていた。そのこともあって、劣等感を意識的に抑える（抑圧）ことや、劣等感とは異なることに尽力する（補償）ことに関心をもっていた。また、個人をこれ以上は分けられないものとして全体的に見ようという観点もあった。アドラーはその初期において『夢解釈（夢判断）』を高く評価してフロイトの仲間となった。しかし、フロイトが性的なエネルギー（リビドー）を中心に考えるのに対し、アドラーは主体がもつ力の行使こそが重要だと考えるようになり、方向性にずれが生じた。

こうした考えの違いは、ヒステリー患者の事例の解釈にも反映された。林道義『図説ユング』によると、夜中に金切り声をあげて夫に対して「捨てないで！」と叫ぶヒステリー患者について、フロイトは父親への性的固着が歪んで現れたとして見たのに対し、アドラーはこの患者が自ら騒ぐことで周囲の行動を支配しようとする意志の現れであると見たという。フロイトとアドラーにとってこの対立は深刻であり和解は不可能であったが、ユングは（二人の対立の間で気をもみながらも）、二人の見解の違いはヒステリーの異なる側面を見ており、どちらが正しいと言えるものではなく両立しうると考えていた。

ユングは、フロイトのリビドー重視は内的欲動を重視するように見えるが、この患者の場合には父親との関係・夫との関係を志向しているものと見た。一方のアドラーの支配力重視は他人を巻き込むように見えるが、この患者の場合には自身の権力志向の表れであると見た。そして、さらに、ユングは踏み込む。他人・対象・関係を重視するフロイトと、主体・内面動機を重視するアドラーの違いは、そのまま両者の人間性の違いの表れだと考えたのである。

人間には二つの類型（タイプ）があるとユングは考えた。人間関係など外に関心がある人と自分の主体など内に関心がある人の二つのタイプである。エネルギーが外に向かって行く外向型、エネルギーが内に向かって行く内向型、この二類型の元の型をユングは二人の先輩学者から見てとったのである。

†タイプ論

こうした考え方の背景には先に取り上げたジェームズ（1）の機能主義（プラグマティズム）があると小木曽由佳『ユングとジェイムズ』は指摘する。

一九一三年一月、ユングはフロイトとの関係（師弟であり共同研究者であり戦友であるような一体化した関係）にピリオドをうつ手紙をフロイトに書く。その後、ユングの知的生産性は悪化していくのだが、その悪化の始まりの時期に行われたのが、『心理学的類型』の元型となった講演「心理学的諸類型の問題のために」である（一九一三年九月）。ユングは、アメリカへの講演旅行（一九〇九）で同じくクラーク大学のカンファレンスに招かれていたジェームズと出会い、その学説に影響を受け、それを一九一三年の講演で紹介していたのである。

この『心理学の名著30』でとりあげたように、ジェームズ（1）によれば哲学の歴史は合理論と経験論の対立の歴史であるという。彼によればこうした対立は哲学者自身の性質の反映であり、軟らかい心と硬い心の対立であると言うのである。

合理論的哲学を展開する者は、「主知主義的・観念論的・楽観的・宗教的・非決定論的・一元論的・独断的」であり「軟らかい心」の持ち主である。経験論的哲学を展開する者は「還元的・感覚的・唯物論的・悲観的・非宗教的・決定論的・多元論的・懐疑的」であり「硬い心」の持ち主である。しかしジェームズが主張したいのは、理論そのものではなく、人が主張する理論は、その人の人柄の表れだということにある。

宗教的であることが「軟らかい心」である、というような言い方は少し馴染みにくい。狂信的であれば「硬い心」ではないだろうか、などと考えてしまう。これは二分法の持つ

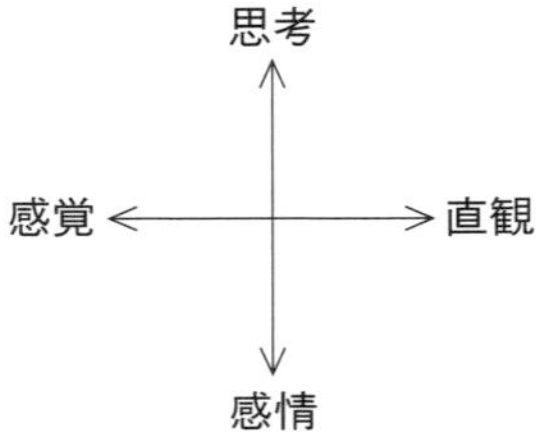

ユングによる心的諸機能の構造

悪い点であり、あまりに簡単に切り分けるため、若干の矛盾を内包せざるを得ないのである。

ユングは内向・外向の二分法に加え、四つの心的機能が重要であるとする。感覚・思考・感情・直観である。感覚はものごとが「有る」ことを教えてくれ、思考はそれが「何」であるかを教えてくれ、感情は現時点でどのような価値があるかを教えてくれ、直観はその未来を教えてくれるものである。人によって、どの領域が優れているかは異なっていると考えるのである。

なお、ユングによれば思考と感情は対立するものであり併存できず、感覚と直観もまた対立するものであるという。この考え方によれば直観が優れているということは感覚は劣るということを意味することになる。

内向―外向という二分法に四つの心的機能を掛け合わせると八となる。つまり、ユングの類型論は八つの類型を考えるものだということになる。ただし、類型論は人を決めつけるものではなく、むしろ自分に劣っている機能を豊かにしていくことで自己実現が可能になると考えるものである。

なお、類型論における心的機能は意識を扱うものであり、精神分析に特徴的な無意識的過程を扱うものではない。やがてユングは無意識にも型を見出し、聖アウグスチヌスの根元的イデアという考えを参照して元型（archtype）と呼ぶことになる。

†単純であるがゆえに複雑なものを引き出す

初期のユングを有名にしたのは連想実験、言語連想検査である。ある人に対して一〇〇の言葉を投げかけ、それぞれの言葉に対して連想したことを答えてもらう、というものである。そして、それを二回繰り返すのである。リストには、頭、緑の、水の、歌う、死、長い、など様々な言葉が含まれている。

たとえば、山と言われたら川と即座に応答、犬と言われたら猫と即座に応答、などということがあるなら、それは山や犬に対して何もないということである。ところが犬と言われた時、しばらく時間をおいて「従順」と応答したとしたら、あるいは一度「従順」と答えたことを二回目に忘れていたとしたら、犬との間に何かあった、ということが類推できるかもしれないことは納得がいくであろう。

そして、この原理を犯罪の犯人のあぶり出しに用いたのが虚偽検出、いわゆるウソ発見である。たとえば、ある部屋からサイフが盗まれたとしよう。その部屋に入るには、入り口から、窓から、天井から、床から、が可能だとしよう。被疑者（犯人かもしれないと疑われている人）に、犯人の侵入経路について「犯人は窓から侵入しました」「犯人は天井から侵入しました」という文章を読んで聞かせてみる。すると真犯人以外には全くピンと来ないだろう。「そんなこともあるだろう」という感想を持つのが関の山である。ところが、仮に真犯人が窓から侵入していたとすると、その文章を聞くと、何らかの反応が起きてしまうのである（実際の虚偽検出はこんな簡単なものではないが詳しく書くことも問題を起こすので、この程度にしておく）。

コンプレックスは日本語では劣等感と訳されることが多い。しかし、劣等感のみならず複雑な思いを意味している。そしてユングの言語連想検査は単純であるが、単純であるがゆえに複雑なものを暴き出すことができるのである。

このほか、ユングは錬金術に関心を持っていた。ただし彼は錬金術師を物質としての金を作る人として捉えていたのではない。錬金術師は物質としての「金」を求めたというよりは、金を合成するプロセスを通じて真の自己を錬成しているのだと考えたのである。

晩年には自らの理論の解説書『人間と象徴』という本を出版した。フロイトと訣別《けつべつ》した理由も象徴の解釈をめぐっての理論的対立であった。ユングはユングなりに自らを一貫させたと言えるだろう。

Carl Gustav Jung, *Psychologische Typen*, 1921
（邦訳：吉村博次訳、中公クラシックス、二〇一二）
＊なおこの訳書は、原著のうち序言、第四、第一〇章、むすびのみをとりあげ、訳したものである。全訳版も出版されている。

13 ヴィゴーツキー『教育心理学講義』（原著刊行年 一九二六）
――心理学が教育にできること

ヴィゴーツキー（一八九六―一九三四）旧ソ連の心理学者。『教育心理学講義』は「教育課程の科学的理解」に基づいて教師を援助するための一冊。

†人間にのみある固有の機能

人呼んで、心理学のモーツァルト。

才気煥発《かんぱつ》、そして、夭逝《ようせい》。この二つが共に備わってはじめて、モーツァルトの称号を手に入れることができる。どちらかだけでは、モーツァルトとは呼ばれない。

一八九六年、ロシア革命前のベラルーシに生まれた彼は、革命の時代を生き精力的に研究活動を行い、一九三四年に病を得て亡くなった。ヴィゴーツキーはゲシタルト心理学者ケーラー（21参照）のチンパンジーの洞察《どうさつ》研究にヒントを得て、記号の心理学を構想した。

ケーラーによれば、天井のバナナを手に入れようとして、箱を積み上げるチンパンジーは、彼／彼女なりの見通しをもち、洞察力をもって、目的を達成していた。この洞察学習は、自分の目的を達成するために、モノを「何かに見立てて」活用することが必要であり、箱（本来の用途は何かを運ぶもの）を足場として使うことは、モノを記号化して理解して用いることにほかならない。ヴィゴーツキーはさらに、中央アジア地区でフィールドワークを行い、「少数民族の児童学に関する科学的研究活動計画についての問題」を発表（一九二九）。一九三一、三二年、ルリヤ（2）と共に中央アジア（ウズベキスタンとキルギス）で認識過程の形式の歴史性と構造変化を研究したこともあった。

中村和夫『ヴィゴーツキー理論の神髄』によれば、その神髄は「人間の高次心理機能は言葉によって媒介されている」という命題にあるという。ここで高次心理機能とは人間にのみ固有の機能のことを指しており、一般的には随意的注意、記憶、意志、思考を指す。そして言語を媒介とした思考＝言語的思考が高次心理機能の中核であると考えられている。また、ヴィゴーツキーは高次心理機能の研究を通じて人格全体の発達を考えていたし、欠陥学（発達障害に関する学問）にも関心をもち、今でいう発達障害児（者）の固有の発達についても考えていた。

†教育と心理学の関係

教育実践における問題を、教育過程の心理学的分析によって解決、または解決の道筋をつけ、現場の教師たちが教育を行うことをガイドするというのが、この本の目的であった。なお、ここでヴィゴーツキーが現場の教師として向き合っているのはソ連邦成立直後の教師たちであり、彼らは帝国時代とは異なる教育を目指していた。

さて、教育（学）と心理学の関係はどのようなものであろうか。心理学成立以前にも教育という実践は存在した。とはいえ江戸時代の藩校や寺子屋での教育において心理学が参照されることはなかったし、そのことに問題を感じる者はいなかったであろう。国民全てを教育するような近代国家が現れたことにより、大人数の一斉教育が行われるようになると、時期を同じくして発展していた心理学が、教育を「教授—学習の相互過程」として捉えることを主張するようになった。教える人間にも、学ぶ人間にも、それぞれ心理メカニズムがあるし、両者の相互作用にも心理メカニズムがある、というのである。

ただし、（実験）心理学が蓄積してきた知識や技術を教育実践にあてはめるだけでは教育心理学は決して成立せず、独自の発展が必要となるのである。

この本の第一章「教育学と心理学」でヴィゴーツキーは、教育実践に有用な教育学と心理学の関係を次のように提案している。

教育制度史
教育思想史
理論的教育学
実験教育学
教育心理学

教育心理学は教育手段を示唆《しさ》するものであり、決して教育の目的自体を追究することはない。そして、教育心理学を可能にするのは生物社会学的科学としての心理学のみである、と考えるのがヴィゴーツキーの教育と心理学の関係である。

ヴィゴーツキーは、本能、訓練、思考、という三つの反応形態を仮定している。彼はパブロフに起源をもつ条件反射説を基盤に、訓練とは条件づけ反応の形成だという立場をとっているが、これはこの時代の心理学の限界であるかもしれない。現在では本能については扱われず、訓練には、パブロフの条件反射に由来するレスポンデント条件づけとスキナーのオペラント条件づけが含まれることが通例だからである。なお、罰と報酬についてヴィゴーツキーがどのように考えていたのかについて触れておくと、「罰は奴隷を育てる」という表現を援用して、罰の教育的効果を一刀両断している。報酬（ご褒美）については、与え方によっては、子どもの目的が「学ぶ」ことから「ご褒美をもらう」ことに変容してしまう可能性があると指摘していることが興味深い。教育心理学では、教師や親が、勉強している子にご褒美をあげると、ご褒美なしには勉強しなくなってしまう、という現象が知られている（強化矛盾と呼ばれることもある）が、このことについてヴィゴーツキーは気づいていたと言えるのである。

†発達心理学者ピアジェ

この『心理学の名著30』は心理学を三〇冊で語るという（無茶な）制約が課せられており、諸般の事情で取り上げるのを断念した心理学者も多い。その中にスイスの発達心理学者ピアジェがいる。ヴィゴーツキーとピアジェは奇《く》しくも同じ年に生まれた。ピアジェが、どちらかというと生物主義的な見方をとったのに対し、ヴィゴーツキーは社会的観点をとり、他者との相互作用の重要性を強調した。二人の考え方の違いは言語発達についてピアジェが内言から外言へと発達すると考えたのに対し、ヴィゴーツキーは外言から内言へと発達すると考えたことにある。

心理学者ピアジェの人生にとって最も重要だったことの一つは結婚とその結果として三人の子どもに恵まれたことであろう。一九二五年長女、一九二七年次女、一九三一年長男が相次いで誕生し、ピアジェは子どもの発達を間近にみることができるようになったのである。これら三人の子どもたちは、言うまでもないことだが母語（mother tongue）を習得したのであり、ピアジェが臨床法によって詳細に研究したのは我が子が母語を習得し、母語で思考する過程だったのだ。彼はシェマ（認知様式）の発達が思考の発達であると考えており、それはまず内言から始まり、音声を用いた他者とのコミュニケーション（外言）へ移行すると考えたのである。このプロセスは常識的な考えに一致するであろう。

一方でヴィゴーツキーは、言語が思考を媒介《ばいかい》すると考えており、言語を用いた他者とのコミュニケーションが思考を紡《つむ》いでいくとして、外言から内言へと移行すると考えたのである。

もしジェームズ(1)やユング(12)がこの二人の対立を論評したならどうしただろうか。おそらく、どちらが正しいかを検討するのではなく、人間には「考えてから話す人」と「考えながら話す人」という二つのタイプがいるのだ、という類型論を考えたかもしれない。個人の感想を述べさせてもらえれば、私自身は、喋りながら考えるし、喋ってないときはほとんど考えていない（誇張ですが……）、という意味でヴィゴーツキー型である。逆の人もいることだろう。

さらに私見を述べれば、第一言語習得にはピアジェの理論が、第二言語習得にはヴィゴーツキーの理論が有用なのではないかと感じている。

実際、内言→外言というピアジェの考えは、芽がでて蕾《つぼみ》がふくらみ花が咲く、というようなプロセスであり、芽が出るような土壌が必要だということを意味する。言語的刺激という栄養をもらわない子どもは、言語を発することが難しく、母語の発達という意味ではピアジェの理論が有効であるように思える。一方、生活のグローバリゼーション（地球規模化）が進展する今日では、第二言語習得が重要課題になる。特に日本では英語の習得が課題となっている。このような状況ではまず他者とのコミュニケーションから始めるという方法も決して侮《あなど》れないように思える。時と状況によって、ピアジェの理論、ヴィゴーツキーの理論を使い分けるくらいの胆力が求められるのが現代なのではないだろうか。

†手助けを借りながら学ぶ

この『教育心理学講義』はヴィゴーツキーの最初期の著作である（一九二六）。したがってこれ以降に考えられる諸概念については明確になっていないという欠点はあるものの、彼の考え方の基本的な構想が分かる著書であり、ヴィゴーツキーの考えを知るには最適の本だという声もあるほどである。

日本語版には「学童における生活的概念と科学的概念の発達」という章がオマケでつけられている。これは一九三三年の講演に基づくものであり、発達の最近接領域《さいきんせつ》という概念を打ち出したものとして知られている。

一般に他者（特にオトナ）の助力なしで成し遂げられることが子ども自身の実力だと判断されることが多い。心理学の知能検査などはそういう前提に立って能力を「測定」している。ビネ（10）が目指したことは、まさに子どもだけを見る、ということであったのだから、当然である。当然ながら、知能検査を受ける時に親が同席して、ヒントを出すようなことは全く禁止されている。

しかし、ヴィゴーツキーは手助けを得ながらできることが、次に自力でできることを予言（予兆）しているとして、子どもが手助け付きで成し得ることにも注意を払うべきだと提唱した。そして、教育とは、良い手助けを与えながら、次々と自力でできることを拡大していくことだと示唆したのである。彼の示唆は、ネット時代における「教授―学習」のあり方を考える上でも興味深い。ネット情報を禁止しても生徒・学生がそれらを見ることは止められない。むしろ、良い「足場」として利用できるようにすることが求められているからである。

手助けを得ながらやり遂げるということを禁止するより、最初は一人でできなかったことが、他者とのやりとりを通じて自分でできるようになること、また、さらに難しい課題において他者とのやりとりを通じて課題解決できるということ、それこそが、今日のネットワーク社会において重要だからである。
ヴィゴーツキーの考えは二一世紀にこそ生かされるべきであろう。

Lev Vigotskiy, Educational Psychology, 1926
（邦訳：柴田義松・宮坂琇子訳、新読書社、二〇〇五）

14　ロジャーズ『カウンセリングと心理療法』（原著刊行年　一九四二）

――カウンセリングの可能性を開く

ロジャーズ（一九〇二―八七）米の心理学者。『カウンセリングと心理療法』は心理療法とカウンセリングを創造的に合流させるための在り方を示したロジャーズの初期の代表作。

†誤解を受けやすいロジャーズ

それはまだ私が都立大の院生だった頃、畏友《いゆう》の渡邊芳之と心理学漫才をやりまして。以下のネタで笑える人は心理学が分かってます。

A「心理学者が奥さんだったら大変ですよ」

B「え、なんでですか？」

もしも奥さんがフロイトだったら。

夫「ただいま～」

妻「食事できてるわよ！」
夫「いただきます！」
妻「あなた、なぜニンジンを残すの？　わかった、小さい時ニンジンにいじめられたのね？　無意識の抑圧ね！」
夫「え～！」

もしも奥さんがワトソンだったら。
夫「ただいま～」
妻「もう遅いから寝ましょう！」
夫「……無言」
妻「子どもを一ダース作らないとダメでしょ！　子どもは環境によって何にでもなれることを証明しないと！」
夫「え～！！」

もしも奥さんがロジャーズだったら。
夫「ただいま～」

妻「あなたはいま、ただいま、と言いたいんですね」

夫「え〜！！！」

もちろん、戯画的なものであるが、かようにロジャーズの無条件の受容は誤解されやすい。

†児童相談所で多くの子どもと接する

ロジャーズほどラディカルな人はいない。ラディカル（＝radical）は過激で根本的という意味である。一九四二年に発行された『カウンセリングと心理療法』はまさに臨床心理学に革新的な変化を迫る本であった。心理学史において、その意義が本当に理解されているのか、常に問い続けていく必要があるだろう。では、何が根本的に革新的で過激だったのかと言えば、彼は常に闘うことをやめなかったのである。

まず彼の人生を簡単に辿ってみよう。一九〇二年に生まれた彼は、ウィスコンシン大学の農学部に進み、ＹＭＣＡの農学生グループに参加した。一九二二年にはＹＭＣＡの関係で北京で行われる国際基督教学生会議に出席することになり、中国を中心に日本、朝鮮、香港、フィリピンなどを訪れたこともある。帰国後体調を崩し、心理学の通信講座を受講したが、ジェームズ（1）のテキストを用いたこの講座は彼には退屈だったという。神学校に所属して司祭を目指した彼は、結局のところコロンビア大学で「九～一三歳の児童の人格適応の測定」という論文を書いて博士号を得た（一九三一）。

博士論文執筆中から、ロジャーズは児童相談所の心理学者として何千人もの子どもたちに面接や心理検査を行った。当時はビネ（10）による知能検査（一九〇五）が実用的に整備され、フロイト（11）の精神分析もアメリカでの講演後（一九〇九）に浸透してきて、ワトソンの行動主義宣言（一九一三）の直後だったこともあり、心理学には勢いがあり、心理学者がこうした仕事に就くべきだと考えられ始めていたのである。そして、ロジャーズは、約一〇年間に問題児として連れてこられた子どもたち数千人に会い、何が子どもたちのためになるのか、という観点から様々な試みを行っていたのである。

また、在任中には児童相談所長のポストを精神科医と争い――他のアメリカ中の相談所では精神科医が勤めていた所長のポストを――心理学者として勤めた。また、一九三六年にはフロイト門下の非医師・分析家として名を馳《は》せ関係療法を提唱していたランクと出会っている。最終的にロジャーズは、カウンセラーが強圧的に何かを指示してもその効果は一時的であると気づいた。また、ある子どもの母親が「オトナのカウンセリングはしないのか？」と尋ねたことから、子どもの問題の理解にはその親子（家族）関係も重要だということを理解した。こうした経験をもとに一九三九年に最初の著書『問題児の臨床的治療』が出版されると、ロジャーズはオハイオ州立大学教授に招聘《しょうへい》された。

†あくまで援助するカウンセリング

一九四〇年一〇月、ロジャーズは講演する機会を得た。その当時、実践家から大学教員／研究者に転身したロジャーズは自分自身のカウンセリングの実践とその根本にある思想をまとめる必要に迫られていた。そして、当時において主流だった「指示や説得」に基づく、目の前の問題解決を目指すカウンセリングに彼は不満だった。そうではなく個人が成長するのを援助し将来においてより成熟して統合した解決が行えるようなカウンセリングが重要だと表明するに至ったのである。

しかも、指示的カウンセリングの立場にたっていたミネソタ大学のウィリアムソンの本拠地で、彼が行っている指示的なカウンセリングの問題点を指摘し、非指示的なカウンセリングの重要性を唱えることになった。なお、ロジャーズはこの講演を極めて重視しており、この日をクライエント中心療法の誕生日と呼んだほどである

この講演をもとにして出版されたのがこの『カウンセリングと心理療法』である。この本はまた、Client（顧客）という語が初めて使われたことでも知られている。この出版以

前はPatient（患者）と呼ばれることが多かった来談者（相談に来た人）のことを、お客様という語にすべきだと主張したのである。なおこの語は日本でもクライエントというカタカナ表記で定着しているが、ヨーロッパでは今もなおPatientという語が使われることが多い。

そもそも患者という語は、何か病を抱えており、それを心理の専門家が治療できるものだということを暗示している。しかし、問題児への対処においては、そうした原因追求↓治療というモデルが当てはまらないということをロジャーズは明確にしたのである。なお、このクライエントという語については、前述のランクの影響を受けているとのことである。

さて、この『カウンセリングと心理療法』の特徴の最大のものは、カウンセリング場面がそのまま文字起こしされて収録されていることである。ブライアン（仮名）との計八回のカウンセリングが全て文字になっているのに加え、各回ごとにカウンセリングの全般的コメントやセラピスト、クライエントの個々の発言に関する具体的コメントが付されているのである。全般的コメントは、ブライアンがどのように自分を捉えているかということが記述されており、その変容を追うことができる。特に最終の八回目におけるブライアンの捉える自分自身の記述を読むことで、初回との違いを実感することができる。個別コメントは、自身がカウンセリングをするときのヒントとして活用することができる。

†グループワークを開発する

ロジャーズは当初「指示的」に対して「非指示的」カウンセリングと称していたが、次第にクライエント中心療法という表現へとシフトしていった。それ以前のカウンセリングがカウンセラー中心療法だったということかもしれない。一九四五年にはシカゴ大学からの招聘を受けてカウンセリング・センターを主宰《しゅさい》した。一九五一年には『クライエント中心療法』を出版し、カウンセリングにおいてクライエントがどのように変化することが重要なのか、セラピストは何を提供すべきなのか、ということへと関心を移していった。一九六七年には『パーソナリティの変化』を世に問い、クライエントのパーソナリティの変化がカウンセリングの目的なのであるということを示した。

これに先だち一九五七年には彼にとっては母校となるウィスコンシン大学に移籍した。この大学での仕事は苦痛の方が多かったようであるが、一九六二年にスタンフォード大学で客員研究員となり、エリクソン⒂と知己を得た。一九六四年にはカリフォルニアの西部行動科学研究所に移った。

ここで彼は後にエンカウンター・グループ（出会いの集団）として知られることになる、小集団のワークショップ法を洗練させることになる。必ずしも心理的問題を抱えているわけでも精神医学的症状に悩まされているわけでもない人々が、他者と出会うことによって成長するためのグループワークのプログラムを開発したのである。

エンカウンターグループは、個人の成長や（教育における）学習者中心教育を促すにとどまらず、現実の紛争を解決する手段にもなっていった。一九七二年には北アイルランド紛争で敵対する人々を集めてエンカウンターグループを行った。参加者たちは、その場で相手を相互に尊重するというところまでは至らなかったが、相手をステレオタイプ（紋切り型）的に理解することが問題の根幹だということに気づくにいたった。この時のエンカウンターグループは『鋼鉄のシャッター』として公刊されている。なお、一九七二年は公民権協会による平和的なデモに英国軍が発砲した「血の日曜日事件（Bloody Sunday）」が起こり、一四名のカトリックがイギリス兵士に射殺された年である。

ロジャーズは一九八七年二月、死去した。この年のノーベル平和賞はマザー・テレサに与えられた。その選考過程において人間の尊厳と内的かつ本質的な魂のあり方を重視する人物が同時にノミネートされていた、という話がある。この人物がロジャーズだったのか、については今は分からない。その真相はノーベル賞の選考過程が公開される時期まで待つしかない（ノーベル賞の選考過程については五〇年間の守秘義務がある）。

この記述にあてはまるのはむしろフランクル（20）ではないかという気もするが、ロジャーズがノーベル平和賞候補だったと考えたり、彼がもう少し長く生きていたらノーベル平和賞を与えられていたのではないか(ノーベル賞は生存している人物にのみ与えられる)、と考えている人がいることは事実であり、そのこともロジャーズの特徴をよく表している。

Carl Ransom Rogers, *Counseling and Psychotherapy: Newer Concepts in Practice*, 1942

(邦訳:末武康弘、諸富祥彦、保坂亨訳、岩崎学術出版社、二〇〇五)

15 エリクソン『アイデンティティとライフサイクル』（原著刊行年 一九五九）
――人間の発達の可能性

エリクソン（一九〇二―一九九四）米の心理学者。『アイデンティティとライフサイクル』は、エリクソンがその思想を発揮していくうえでの土台となる三つの論文からなる一冊。

†エリクソンの不思議な生い立ち

「バウムクーヘンの天日干し」の記事で知られる（知られてないか?）『虚構新聞』に次の記事が掲載されたことがある。

「光らないホタル」誕生　下村博士の研究を悪用
「ホタルが『発光』というアイデンティティを奪われると、性格にどのような変化が出るか」をテーマとし、ホタルの生活リズムや脳波の観察などを行なったところ、「発光しないホタルは発光する普通のホタルに比べて、自己評価が低く、ひきこもりがちになる可能性が高い」という結論を得た。

図は、夜、光らないホタルの写真（なるもの）である。

（http://kyoko-np.net/2011091801.html）

さてホタルの発光はホタルのアイデンティティなのだろうか？　それ以前にアイデンティティとは何なのか？　サカナクションや椎名林檎の歌のタイトルに「アイデンティティ」というものがあることを知っている人も多いだろうが、それにしても一体全体、アイデンティティとは何なのか？

夜、光らないホタルの写真（なるもの）

アイデンティティとは自己の同一性であり、時空をこえてある人物が同一人として連続している感覚を示す心理学上の概念である。エリク・H・エリクソン（以下、彼のことはエリクと表記する）こそ、アイデンティティという概念を打ち立て、心理学のみならず人文社会科学に大きな影響を与えた人物である。

エリクは人生と学問が微妙な関係をもちながら進行していった人物である。何といっても、エリクは自分の父親が誰であるか知らなかった。母親が、息子に対して、生物学的な父親について知らせなかったのである。エリクは、生まれた時は母の結婚相手（デンマーク人）であるサロモンセンという名字をまとい、その直後に母がユダヤ人の男性と再婚すると夫婦の養子となりホンブルガーという名字を名乗っていた。三十代半ばでアメリカに帰化したとき、彼は自分の名前である「エリク」にちなみ「エリクの息子」というファミリーネーム（家族名）を自らの名字にした。家族そろって、つまり、自分を含めて「エリクの息子」という名字を創ったのである。

†児童分析が結実した『子ども期と社会』

エリクはウィーンで精神分析に出会う。友人の一人であるブロス（後に青年期の精神分析で著名となる）がこの地に学校を作るための教師としてエリクをウィーンに呼び寄せたのである。それまでエリクは芸術家を目指しており、後に彼を有名にした言葉を用いればモラトリアム状態（＝社会的責任や義務が猶予されている状態）にあった。ブロスに学校を作ることを依頼したのはフロイト（11）の娘アンナ＝フロイトであった。ウィーンに着いたエリクは、教師をしながら、当時フロイトのもとで行われていた水曜心理学会に出席し、アンナによる教育分析を受け、国際精神分析学会の正会員に叙《じょ》せられた。大学を卒業したわけでもなく医師でもない彼が、才能を認められて世界中のどこでも精神分析家として活動できる資格を手に入れたのである。

　その後アメリカに移住したエリクは、欧州に批判的だったフロム(19)などの亡命精神分析家と同じく、ルーズベルトによるニュー・ディール（新規まき直し）時代のアメリカを心情的に支持した。

　エリクは国際精神分析学会の正会員であり児童分析の専門家であったから、ボストンにおいて多くの患者を得ることに成功し、安定した収入を得ることができた。当時のボストンにはアメリカの少年（非行）問題の泰斗《たいと》であるヒーリーがいた。彼のもとで働く機会を得たエリクはヒーリーたちが匙《さじ》を投げた子どもたちを救うことで、驚嘆と尊敬の目で見られるようになっていった。これはおそらく彼の天分とアンナ＝フロイトから受けた児童分析の訓練との相乗効果であっただろう。

　この時の経験は『子ども期と社会』（一九五〇）に結実することになる。この書は、児童分析の経験、アメリカ先住民（アメリカ・インディアン）のフィールドワーク的研究、ヒトラーを熱狂的に支持するドイツ国民性の分析などを含むものだが、後にエリクを有名にする発達の八段階説についての説明も含まれていた。

　ドイツ国民性の分析（ヒトラーの子ども時代の伝説）は、ヒトラーがナチスドイツを率いてドイツを第三帝国へと変貌させていくプロセスを分析したものである。エリクはヒトラーの著書『わが闘争』を分析し、それが正確かどうかは無視して、この物語によって動かされるドイツ国民について分析し、その対抗策を提案した。ヒトラーは自ら「反抗する子」を演じており、国民はそれに同化しているとエリクは分析した。ヒトラーは国民の父になっているという見方が支配的だった時期に、それとは異なる分析をしたのである。

また、こうした状況を打開するには愛情あふれるドイツの伝統的な家庭像を呈示することこそが解毒《げどく》剤になると主張した。帝国主義的でエキセントリックな主張に対抗するには故郷（くに、ふるさと）が重要だとしたのである。こうした見方はフロムによる『自由からの逃走』(19)とも共振している。

また、『子ども期と社会』では最初のアメリカ人としての、アメリカ先住民（スー族とユーロク族）についても扱われている。こうした研究は文化人類学者との協働作業によって成立したものである。ここでエリクは、スー族やユーロク族が実現しているのは「弾力性のある」統合された生活であるのに対し、近代化されたアメリカ人は機械に駆り立てられ、十全性（ホールネス）を失っていると論じている（近代人批判の骨格は喜劇王チャップリンの批判と同じである）。

†「後漸成」という画期的な考え

この『子ども期と社会』を執筆していた一九四〇年代、エリクはカリフォルニアにいた。カリフォルニア大学の児童福祉研究所の研究員となった。このプロジェクトの実質的リーダーは発達課題という概念を提唱したハヴィガーストであり、ここで彼はそれまでと異なり健康な子どもたちを長期にわたって観察する機会を得た。またカリフォルニア大学でエリクの授業を受けた学生にはレヴィンソンがいた。この時期のカリフォルニアに、発達を生涯という視点で捉える学者たちが集い、互いに影響を与え合っていたのである。

私たちは、生涯にわたって発達する人間像というものを当たり前に受け入れているし、誕生から老いて死ぬまでを発達の過程だと捉えることができる。しかし、こうした考え方も、心理学成立後に少しずつ「成長」してきた考え方である。ここで発達心理学を巡る大きな流れを示しておくと次のようになる。

一八八〇頃	一九〇〇頃	一九三〇頃	一九五〇頃	一九八〇頃
乳幼児の自然史→	児童研究→	児童心理学→	発達心理学→	生涯発達心理学
ダーウィン	ホール	ピアジェ	エリクソン	バルテス

ある時期まで、中年期以降は人生の「衰退」期と捉えられていたが、現在では、認知的

能力が劣るとしても、他の部分では成長しうる存在として考えられるようになってきた。さて、学説面に目を向ければ、人間の発達には遺伝的要因と環境要因のどちらが影響をもつのか、という論争が行われたことがあった。いわゆる「氏か育ちか」論争である。

心理学においては、一九一〇年代に行動主義者のワトソンが強力な環境主義を唱えた。精神分析学者のフロイト(11)も生後の親子関係を重視したから、どちらかといえば環境要因を重視していた。ゲゼルのように、ある行動を起こすまでには、ある程度の身体的準備(レディネス)が整う必要があるという成熟優位説を唱える学者もいた。そして、両者の折衷を唱える学者も数多くいた。エリクはフロイトの弟子であるから、生後の環境その他が発達に影響すると考えていた。その彼の考えを示すのが、後漸成《こうぜんせい》(epigenesis:エピジェネシス)という考え方である。

エピローグという語のエピと同じく、エピジェネシスのエピは、後からという意味がある。そしてジェネシスは発生という意味である。白川静『字統』によれば漢字の「漸」はコトが次第に進行する様を描くものだという。発達の順序はそれなりに決まっているが、個別の発達の様相は誕生後の様々な外的要因によって影響を受ける。決して単純なものではない。このようなことを考えれば、「後」から「漸」時的に生「成」するという訳語を提案することは許されるであろう。

epigenesis ＝後漸成。

この後漸成という概念は発生学に由来する考え方である。発生学においては、細胞の分化と個体の形成は予め定まった形が徐々に掘り出されていくというようなものではなく、一つの細胞が分化していき、ある意味で柔軟に後付け的に、様々な器官になっていき、最終的に個体になることが知られている。

生物学者のドリーシュがウニの細胞の実験で示したように、二つに細胞分裂した時点の細胞を完全に二つに分割してしまったとしても、不完全な二つの個体が発生するわけではなく、それぞれ完全な個体が発生する。

多少の問題が起きても最終的に同じ結果になるということを等至性《とうしせい》という概念で表すが、エリクは人間の心理・社会的発達も、後から環境との相互作用を経て発生していくもので、少しくらい問題があっても同じ結果が起きるような塩梅《あんばい》（案配）になっていると考えたのである。そしてそれを支えるが文化なのである。

エリクは、文化が発達に及ぼす影響について丁寧に考察した先駆者の一人である。種としてのヒトは一種類しか存在しないのに、人間性の様々なバリエーションを作り出すのは文化の機能である。エリクは後漸成という考え方によって、生まれた後の影響が発達にとって重要だということを示すことに成功したのである。これはヴァルシナー（29）の考え方にも通じている。

†「心理・社会的」発達の可能性

この本の原題は「Identity and the Life Cycle」であり、訳せば「自己同一性と人生周期」ということになる。ここでCycleは月日のサイクルということである。月の満ち欠けによって一カ月という長さを計る場合、同じサイクルが繰り返されることになる。人生における時間の経過も、こうした月の満ち欠けのようなサイクルの繰り返しだということをエリクは暗示したかったのだろう。

さてこの『アイデンティティとライフサイクル』は一九四六年、一九五〇年、一九五六年に出版された論文を一冊の本としてまとめて世に問うたものである。最初の論文は児童分析を行う実践家として多くの子どもたちに出会った時の経験を文章にしたもの。第三の論文は、一九二五年にノーベル文学賞を受賞したアイルランド人、ジョージ・バーナード・ショウを題材に青年期に焦点をあてて考察したもの。

第二論文は必ずしも問題を抱えていない人間の、心理・社会的な一般的発達のあり方の仮説的な理論を提唱した努力の結晶である。ここで「心理・社会」という語を読み飛ばしてはならない。彼の師であるフロイトは心理・「性的」理論を構築していたし、心理学において「心理」とは認知的側面を指すことが普通だった。こうした動向とは異なる「心理・社会的」発達に焦点化したこと、さらに言えば、一生涯にわたる発達について幅広く視野に収めたところがエリクの優れた点である。

この第二論文のタイトルは「健康なパーソナリティの成長と危機」。エリクは人生を八つの発達段階に分け、それぞれの時期の発達課題を示した。発達課題とはそれぞれの個人とそのおかれた環境の相互作用として要請されるものであり、エリクは課題が達成できるかどうかの緊張状態を「心理・社会的危機」と呼んだ。危機と聞くとピンチ！ 大変だ！というイメージが強いが、語源を辿《たど》れば「峠」であり、「危」険と「機」会が同居するポイントである。

エリクは発達段階のそれぞれにおいて、たとえば乳児期における「基本的信頼」対「不信」のように、危険と機会の組み合わせを呈示した。最も有名になったのが、青年期における「同一性確立」対「同一性拡散」である。後者の状態はモラトリアムと呼ばれ日本でも若者を論じるキーワードになった時期もあった。

二一世紀の心理学はセリグマン（7）のように人間の健康でポジティブな面に光をあてているが、エリクはマズロー（22）と共にこうした考えを早くから示していた心理学者でもあったのである。

Erik H.Erikson, *Identity and the Life Cycle*, 1959
（邦訳［新装版］：西平直・中島由恵訳、誠信書房、二〇一一）

16 ギリガン『もうひとつの声』（原著刊行年　一九八二）
——他者への配慮の倫理

ギリガン（一九三七—）倫理学者・心理学者。『もうひとつの声』は男性視点による研究を批判し、新しい人間認識の必要性を提唱する。

†道徳性心理学と発達心理学

道徳は心理学のテーマなのだろうか？　その答えはもちろんYESになるのだが、道徳と似たような言葉に、倫理、正義がある。道徳・倫理・正義、何がどう違うのだろうか？　正義は断じるもの、倫理は抱え続けるもの、道徳はしつけられたもの、という言い方を私は好んで使っている。

正義の反対語は「悪」だと思っている人が多いが、そうではない。正義の反対語は「もう一つの正義」である。戦争は正義の名によって行われる（自らの破壊衝動の実現のために戦争をするという国家は無かったはずだ）。そして、味方が敵を殺すのは正義であり、敵が味方を殺すのは不正義であり悪だとされる。もちろん、相手からみれば話は逆であるから、つまるところ、戦争とは、正義ともう一つの正義との戦いである。

心理学は、「正義とは何か」というような価値に関わる問題からは常に距離を取ってきた。道徳に関しては道徳そのものを論じるのではなく、「道徳性」という形で人間の性質の問題として扱ってきた。そして道徳性の発達を子どもの社会性の発達という枠組みの中で捉えて扱ってきた。

心理学における道徳性の研究には「ジレンマ・パラダイム」と呼ぶ研究の枠組みがある。葛藤《かっとう》を起こすようなジレンマ状況を人に提示して、その判断から（正確に言えば判断に至るプロセスから）、道徳性のありようを判断しようというのである。

道徳性心理学を確立したアメリカの心理学者コールバーグは道徳性が年齢に伴い発達するという段階説を唱えた。彼は発達心理学者ピアジェの影響を受けて認知的な道徳理論を構築した。また、単に段階説を提唱しただけではなく、そのテスト方法も一緒に提案した。ピアジェが問答法によって、一人一人の子どもと丁寧な会話を行いながら子どもの認知発達段階を同定していったように、コールバーグの方法も、問答を行うことによって道徳の段階を理解しようとしていた。

コールバーグの道徳性の段階説について詳述する余裕はないが、大きな三つの水準は以下のようである。

水準Ⅰ　前慣習的水準　偉い人（権威）が決めていることに従わなければいけないという理由で行為する。

水準Ⅱ　慣習的水準　他者からの期待に添って行動するべきだという理由で行為する。

水準Ⅲ　脱慣習的・原理的水準　自ら主体的に考えて行為し、場合によっては法を変えるという判断もできる。

†ハインツのジレンマにいかに答えるか

コールバーグが段階を判断するために用いたのは「ハインツのジレンマ」という葛藤状況である。葛藤を抱えたハインツのとった行動に賛成か反対かを子どもに聞き、その理由づけをさせるものである。

ある夫婦の妻が癌《がん》で瀕死《ひんし》の状態にあった。妻の癌は、同じ町の薬屋が発見した二〇〇〇ドルのラジウムを薬として用いれば、治る可能性があった。しかし、夫（ハインツ）

は一〇〇〇ドルしか用意することはできず、薬屋に値引きか後払いを要求したが拒否された。夫は思いつめ、妻のために薬を盗んだ。

このハインツの行為は是か非か。その理由は何か？

ここで善悪は問題にならない。判断プロセスが問われるのである。たとえば、同じ「悪い」という意見でも、「薬を盗んだら警察に捕まるから悪いことだ」という答えと、「たとえ捕まらずに逃げおおせて警察に罰せられずとも、自分の良心の呵責《かしやく》に苛《さいな》まされるから悪いことだ」という答えとでは、道徳の発達段階（及び水準）が異なるとされるのである。罰せられることは悪いことだという答えの道徳水準は低いとされる。

ある男児（ジェイク）は、この葛藤を他者の所有権の侵害と生命尊重の問題として捉え、両者を比較衡量した上で盗みを是とした。こうした判断は「妻が死ぬと悲しいから」というような判断とは異なっており、高い道徳水準であると判断されることになる。

一方、ある女児（エイミー）は、盗みは良くない、何か他に方法があるのではないか、と答えた。ローンを組んだらどうかしら……。善悪を保留するような答えであったのである。

ハインツが薬を盗んで妻が治っても、ハインツが捕まったら妻は「自分のせいで夫が盗みを働き捕まってしまった……」と苦しむかもしれない。そうなるよりはお金を用意する手立てを考えるべきだとエイミーは考えたのであり、最初の問い「ハインツの盗みの善悪」への回答が定まらない。

こうした回答は、コールバーグの基準によれば道徳水準が低いということにならざるを得ない。コールバーグは、善悪・白黒をつけること自体に価値を置く文化（男性文化）にどっぷりと浸かっていたのである。

†ギリガンによる発想の転換

そうした中、ギリガンはその著書『もうひとつの声』において「正義の倫理」に拮抗する「他者への配慮（care）の倫理」の可能性と重要性を示した。

先の女児エイミーは、ハインツの問題を数学（論理）問題として扱ったのではなく、時間をこえて広がっていく関係性についてのナラティブ（物語）であると捉えたのではないか、というのがギリガンの見立てである。ここでも、時間の広がりとナラティブが重要概念として登場している（ブルーナー〔17〕を参照）。

エイミーは「ハインツの盗みの是非」には答えず、回答までの時間を十分に確保して解決策を見出そうとした。それは、妻は死んではいけないし、盗みはよくないから、という理由による。ただし、妻が死んではいけない理由として、生命が重要だから、という答え方をしていない。多くの人が悲しみ関係性が途絶えるから妻は死んではいけないとしたのである。そして、薬屋からみれば薬が盗まれることも良くないとするのだが、その理由は、所有や売買の権利が侵害されたと考えるのではなく、（提示された価格で買わないことは）薬屋の行為に対して世間が尊敬を示さないことになるからだ、と考えているようであった。

男児ジェイクは、ハインツのような盗みが許されないのは法の不備だと考えてさえおり、それはコールバーグの基準を用いた場合には祝福されるべき高度な道徳的思考を反映していると評価される。それに対してエイミーは、全ての人へのケア（配慮）をした上で、盗みではなくシェア（共有）の可能性を探っている。その解決の鍵は時間的広がりの中にあるのだが、コールバーグの設問は、イエスかノーかをその時点のみで考えることを迫っていた。「盗みか、さもなくば妻の死か」という二項対立の先鋭化である。スパッと割り切って何が正義であるかを判断するのはいわば切断の論理であり、割り切らず抱える論理より優れているというのがコールバーグの理論の通奏低音だったのである。

「Care」と「Responsibility」。日本語にするのは難しいが、ここでは配慮と応答性と訳しておこう。「Care」は思いを行き届かせるということであり、その現れが具体的行為として結実するのである。子どもへの配慮は授乳であるかもしれず、喫茶店の客への配慮はおしぼり提供かもしれない。何もしないという「慮《おもんぱか》りの配り方（配慮）」もあるだろう。「Responsibility」は一般に責任と訳されるが、呼びかけに対して応答すること＝応答性と訳しても良いだろう。先の女児エイミーは、死ぬかもしれない妻とその人間関係に配慮し、その上で薬屋の創意工夫に応答することを両立させるにはどうすれば良いのかを、思案していたのである。

このような観点を加味した新しい道徳のあり方を提示したのが、『もう一つの声』である。ギリガンはコールバーグの道徳理論を男性的論理であると批判するのだが、道徳において男性と女性の違いが存在するという主張ではなく、異なる二つの思考様式があるということを提示したものである。

†道徳的問題に対するジェンダーの違い

ギリガンはニューヨークのユダヤ系の家系に生まれた。スワスモア大学で文学の学士号を得た後、ラドクリフ大学の修士課程で臨床心理学の修士号を得、さらにハーバード大学で博士号を得た。

臨床心理学を学んだギリガンは臨床心理学の理論に希望をもてず心理学を離れようとしたが、ハーバード大学でミシェル（27）、エリクソン（15）やコールバーグの研究の内容に関心を持ち、心理学を続けることにした。彼女はコールバーグに出会い、彼が心理学者でありながら公共的な課題を設定していることに気づいた。また、エリクソンが自身の父親を知らないことと、彼が作り出したアイデンティティ理論の関係にも興味を持った。そして、彼女自身もその生き方や関心を心理学的な研究・理論に反映させようと考えたのである。

ギリガンはコールバーグとの共同研究を経てアメリカで一九七三年に出されたロー判決（その当時において妊娠中絶を規制するアメリカ国内法の大部分を違憲であり無効だとした判決）をうけて、妊娠中絶の判断に関するインタビューを始めたところ、男性と女性とでは、道徳的な問題に対する判断のあり方が異なっているのではないかと考え始めた。簡単に言えば、男性は権利と規則の問題として、女性は配慮（Care）と応答性（Responsibility）の問題として考えるように思えたのである。

『もうひとつの声』における、多様な声の尊重は、リベラリズムvsコミュニタリアニズム（共同体主義）論争へと昇華《しょうか》していくことになり、心理学そのものからは離れていくことになったが、ギリガンが提唱した配慮の倫理という考え方は、単純な男女対立の価値観を越えて、道徳性や倫理に関する新しい考え方として理解されるに至っている。

なお、ギリガンの理論はコールバーグに始まる道徳性理論が男性中心的であることへのアンチテーゼを含んでいる。その意味で、フェミニズムと近いものであると言えるだろう。

†脳に還元せずに考える

最近、脳神経倫理学(ニューロエシックス:Neuroethics)と称して、倫理的・法的・社会的問題における判断のあり方と脳活動の関連を検討する分野が勃興している。たとえば、「路面電車のジレンマ」などのジレンマ状況を呈示した上で、脳活動との関連を見るのである。「路面電車のジレンマ」とは以下のようなものである。

> 路面電車が暴走しており制御することができない。直進していけば、線路上で作業をしている五人が死んでしまう。しかし、途中には切り替えポイントがあり、その切り替えポイントを切り替えるならば、暴走中の路面電車を他の線路に誘導することができる。ただし、その場合にはそちらの線路上にいる一人の作業員が死んでしまう。
> こうした状況で、あなたはポイントを切り替えるべきだろうか。

このジレンマはハインツのジレンマと本質的に異なっている。どちらに転んでも人の生命が脅かされる状況(しかも短時間で意思決定を促される)での判断であり、権利と規則

（コールバーグ）、配慮と応答（ギリガン）とは無縁なのである。本来こうした判断をする必然性は生活上ないはずだが、脳神経倫理学の実験に適する課題として採用されたのであろうか。

また、ハインツのジレンマが時間を考慮しない即断思考を求めるものだったこと、それに対して女児エイミーが果敢に時間的な展望を取り入れようとしたことは前述した通りだが、この「路面電車のジレンマ」はそもそも即断思考以外を拒絶しており、脳の活動を活性化させるための極端課題だということは無視できない。思考にファスト（速考）とスロー（熟考）という二種があると指摘したのはノーベル経済学賞を受賞したカーネマン（30）であるが、道徳性の心理学や脳神経倫理学はファスト思考だけを対象にして、科学的装いのもとに道徳・正義・倫理の問題を扱っており、大きな問題である。

正義論や〇〇白熱教室が流行っているが、そこでも「路面電車のジレンマ」は好んで取り上げられている。こうした判断を時間がない中で迫ること自体が生命の選別に慣れさせることであり、こうした強制的な判断を強いること自体が持つ危険性をしっかりと考慮すべきであろう。

人文社会科学は不要だという意見に対して国民のみなさまが反対してくれないという状況で、価値の問題を自然科学的に扱う方向を良しとするのであれば、ますます人文社会科学など不要だということになっていくことを止められないだろう。

道徳・倫理・正義の問題に取り組む心理学者は自らの学問的課題をいたずらに脳に還元するのではなく、とりあえずギリガンに還れ、である。

Carol Gilligan, *In a Different Voice:Psychological Theory and Women's Development*, 1982

（邦訳：岩男寿美子監訳、生田久美子・並木美智子共訳、川島書店、一九八六）

17 ブルーナー『意味の復権』（原著刊行年　一九九〇）
――意味から物語へ

ブルーナー（一九一五―）米の心理学者。『意味の復権』は人は「意味」から「自己の物語」を紡ぎだすことを説いた人間探究の書。

†認知革命の旗手

ジェローム・ブルーナーは一九一五年生まれの心理学者。『心理学の名著30』が刊行される二〇一五年一〇月には満一〇〇歳を迎える。

私の知り合いのイタリアの心理学者にピナ（愛称）という女性がいる。数年前この女性が、ブルーナーと一緒に写真を撮ったと言って見せてくれたことがある。御年《おんとし》九六か九七の時に、イタリアに学術交流のために旅行したのだというから驚いた。まさにレジェンド（伝説の人物）である。彼は六八歳の時に、自伝『心を探して』を公刊したのだが、その後の二〇年間も精力的に学術活動を続けている。

邦訳タイトルと共に自伝以降の刊行物を示せば、次のようになる。
一九八三　*In Search of Mind: Essays in Autobiography*『心を探して――ブルーナー自伝』
一九八六　*Possible Worlds, Actual Minds*『可能世界の心理』
一九九〇　*Acts of Meaning*『意味の復権――フォークサイコロジーに向けて』
二〇〇二　*Making Stories: Law, Literature, Life*『ストーリーの心理学――法・文学・生をむすぶ』
である。

さて、ここでとりあげる『*Acts of Meaning*』の邦訳タイトルは『意味の復権』で、それはそれで本全体の意味を捉えているとは思うが、もともとのタイトルをそのまま訳せば「意味づけの諸行為」ということになる。人間は、多くの場合、外界を意味づけながら生きている。もちろん意味づけをしない行いもある。たとえば生得的な反射は意味を通さない行為である。目の前にモノが飛んできたら目をつぶるのは反射（眼瞼《がんけん》閉鎖反射）であり、何かが来ているようだ、危ない状況だ、目をつぶった方が良いかも、というように意味づけをしてから目を閉じるという行為をしているわけではない。そんなことをしていたら反応が遅れて目にモノが入ってきてしまうかもしれない。

しかし、私たちの日常生活においては眼瞼閉鎖反射のような行動はそれほど多くない。

むしろ、スキナー（3）が研究テーマとして選んだ自発的行動（オペラント行動）がほとんどを占めている。行動主義は、行動の法則を明らかにして行動の予測を行うことを目的にしており、生物としてのヒトに焦点をあてていたため他の動物も用いて研究され、それが心理学の王道となっていたが、こうした風潮に対抗したのが一九六〇年頃に起きた「認知革命」であり、ブルーナーはその旗手の一人であった。

†意味のない世界からの脱却

生けるレジェンド、ブルーナーの心理学的な研究を大雑把に年代順にまとめていくと、知覚、社会的知覚、思考、教授、学習、発達、言語獲得、物語（narrative：ナラティブ）ということになる。生き様がそのまま、心理学の学説史になるような人生である。

彼はまず社会的知覚の研究で著名となった。社会的知覚というのは、モノの知覚（見え方、聞こえ方）は、その人が置かれた社会的環境や境遇によって影響を受けるという学説である。そもそも知覚はヒトという種に普遍的な現象であるはずだ、というのが自然科学を目指す心理学の根本的な立場である。

心理学が一つの学範（ディシプリン）として独立したのは、一九世紀半ば以降の感覚の生理学的研究がきっかけである。感覚、知覚、行動はヒトという種に共通のメカニズムを持つものとして想定されており、実験心理学によって研究されていた。ブルーナーはそうした教育を受けてきたが、それにあきたらず知覚研究に社会的要因を取り入れたのである。点や丸や四角を見せて、その見え方について研究すれば、普遍性は確かに存在する。だが、貨幣のような、そもそも社会的なモノ（対象）であれば、どうなるだろうか。

ブルーナーは、子どもたちにコインの大きさを判断させてみるという実験を通じて、きわめて通俗的に言えば、同じコイン（たとえば五〇〇円玉）であっても、裕福な家庭の子とそうでない子では、コインの大きさが違って見える、ということを明らかにしたのである。貧困家庭の子は裕福な家庭の子より同じコインを見たとしても大きく見えるというのである。この研究は知覚が社会的な影響を受けるということを明らかにしたため、社会的知覚という一つの分野を作り出した。少し言葉を換えると、コインの持つ価値、意味が人によって異なる、ということを実験的に示したのである。

こうして、知覚研究の領域においても、人の要求（欲求）や期待、態度、過去の経験などが客観的な事物の見え方に影響を与えると認識されるようになった。こうした動向をニュールック心理学と称するが、これにより、心理学でも個人の環境や意味世界を重要視する構成主義的な考え方がみられるようになった。

そもそも、一九世紀末に成立した近代心理学では、意味、というのは鬼門であった。近代心理学成立期における有名な記憶研究者エビングハウスは、心理学が記憶のような複雑な現象を扱わないことに苛立ちながら、記憶の普遍的な性質を扱うために「無意味綴り」を発明して、今に知られる記憶の忘却曲線を世に示すことができた（ルリヤ〔2〕参照）。意味を扱わないことによってヒトという種の記憶の研究が可能になったことは確かに重要だが、私たち人間は無意味綴りに囲まれているのではなく、意味を作りだしそれに囲まれて暮らしているのである。知覚心理学者たちが実験に用いる対象物（刺激と呼ぶ）は、日常生活とは切り離された人工的なものが多いのだが、社会的な刺激にしてみたらどうなるか、それを研究したのがブルーナーだったのである。

二〇世紀初頭に宣言されたワトソンの行動主義宣言も、意味を扱わないことで成立するものであり、スキナーらが後に続いた。ブルーナーは、第二次世界大戦前に、こうした「意味のない世界」からの脱却を目指す第一歩を踏み出したのである。そうした動向の総称が認知革命である。認知革命はブルーナーの同僚ミラーによる「不思議な数、7±2」という論文が象徴的な役割を果たした。人間が短期的に一度に覚えられるのは、せいぜい五～九程度の事柄である、ということを示したものである。

たとえば市外局番無しの電話番号ならたいていの人は覚えていられる（携帯電話の番号は一一桁になるので少し難しい）。ミラーの考え方で重要なのは五つ程度のことは覚えられる、という時の五つの単位を「チャンク」と呼んだことである。
たとえば、以下の数列
0318920978
を一目見て覚えるのは難しい。これは一つ一つの数字が独立のチャンクであり一〇のチャンクが存在するからである。しかしこれが電話番号だとわかれば、
03‐1892‐0978
となり、最初の二桁は「東京の市外局番」ということになり、チャンクは一つとなる。また次の四つの番号についても、岩国、沖縄、と「意味づけ」することができれば、最初の数列は、「東京の市外局番」「岩国」「沖縄」となり、チャンク数は三となり、簡単に覚えることができるようになる。語呂合わせが有効なのはそのような理由による。
こうした「意味づけ」は個々人によって異なるため、客観的科学を目指す心理学（たとえば行動主義）の研究対象からは排除されてしまっていたが、ブルーナーやミラーといった心理学者たちは、それをひっくり返した、つまり、認知革命を推進し、成し遂げたのである。

†積極的に意味づけしていく存在としての「ひと」

さて、この本の第一章は自身がその立役者だった認知革命を振り返っている。客観主義という長く冷たい冬の後、人間科学に心（マインド）を取り戻したのが認知革命だったと評価した後、現在（一九八〇年代）は本質を忘れて周辺的で技術的なことしかしていないのではないか、と指摘している。「meaning-making（意味づけ）」に関する認知研究に戻るべきだ、というのがブルーナーの意見である。

そして、認知革命後の心理学は「意味の構築」ではなく「情報の処理」へと読み替えることで非人間化したことに憂慮を表明している。

彼は、心理学の定義をジェームズ（1）を援用しつつ「精神の科学」であるとしている。認知革命後の心理学は精神の科学に戻るのではなく、コンピュータプログラムでも置き換えられるような情報処理の科学になってしまってはいないだろうか、というのが彼の疑念である。

人間の認知をコンピュータの演算処理のようなものとして置き換えることはできるが、その場合、情報の意味は予め外部から与えられることになる。これは人間精神の研究とは異なる。ブルーナーが意図したのは、意味が予め決まった情報の処理ではなく、外界を積

① Broken B

②文脈ありの Broken B（13に読める？）

極的に意味づけしていく主体的な人間のあり方を研究することだったのである。

上の①の図の三番目の文字はどのように読むだろうか。多くの人はBと読んだと思う。ちなみに彼はこの図を壊れたB（ブロークンB）と呼んでいた。

では、その下の②の図であれば、どうだろうか。どう読むだろうか。

おそらく、13と読むことになっただろう。最初にBと読んだとしても、いやまて、前後は数字だし……これは13が汚い字で書かれたのだろうと意味づけするだろう。上の図も下の図も三番目の文字は同じである。つまり同じ形の文字であっても、文脈によって読み取る意味が異なるのである。

ところが、このブロークンBにしても、次の図のように綺麗なレタリングで描かれトップダウン情報処理の例として紹介されることが多くなった。この図がトップダウン情報処理の例として紹介される時は、文脈と共に文字情報が自動的に解釈されるという

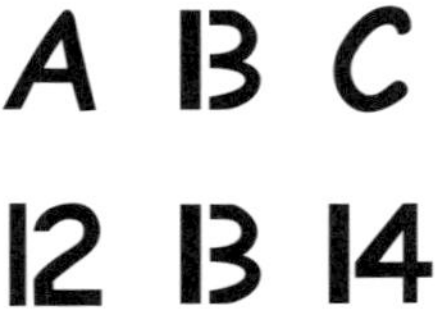

トップダウン処理の例としての13とB

意味で用いられることになる。このような風潮にブルーナーは苛立っていたのかもしれない。人が主体的に何かに対して意味づけすることは、情報処理とは異なる。前者は主体的な取り組みであり、後者は受動的なものであるにすぎないからである。

ついでながら、こうした「意味づけという行為（Acts of meaning）」が文化的な脈絡と無関係ではないことを無視することはできない。アルファベットもしくはアラビア数字についての知識がなければ、ブロークンBの意味づけができないからである。数字は習っていてもアルファベットを習っていない人なら、「B」をアルファベットのBであることができないのは自明の理である。

そこで、文化というものもまた意味づけにとって重要な要因になってくるのである。

†ナラティブから文化へ

第二章は「文化装置としての民衆心理学（folk psychology）」というものである。民衆心理学とは私たちが日常生活で用いている知恵のようなものである。たとえば、私たちは信念や欲望を持っていると仮定している。誰かが食事時間の前にお菓子を買ってきて食べたとすれば、「お腹が減っていて食べたかったからだ」と考える。その人は無秩序な行動をしたのではなく、自分の欲望に従って行為したのである。そもそもブルーナーは自らの研究対象としてbehavior（行動）ではなくaction（行為）という語を用いるが、行為という語は意図的もしくは志向的なものだという前提がある。

そして、こうした解釈を可能にする脈絡として文化は存在する。たとえば、日本人は一般に子どもが生まれるとハイハイすることを期待し、その次に二足で立つことを期待し、歩くことを期待する。「這えば立て、立てば歩めの親心」という格言にそれがよく表れている。そして、ややもすると、こうしたプロセスはヒトに普遍の現象だと考えたりする。ところが、地球上には他の育て方も存在する。スウォドリングという方法では、赤ちゃんは足をぐるぐる巻きにされて育てられる。オムツを替える時くらいしか足を自由に動かせない。正高信男『育児と日本人』（岩波書店）によれば、いろんな変わった育児法が地球上で広く見られるという。そして、歩き始めの時期は他の育児方法でも変わらないという。しかし、ヒトがどのように成長するのか、ということについても地域ごとに一定のまとまりがあり、文化の影響を受けているのである。

ここで重要になるのがナラティブである。「這えば立て、立てば歩めの親心」という格言は、子どもの成長を物語仕立てにして、親に見通しを与えているのである。この格言は発達メカニズムの原理を述べたものではなく、表面的な行動連鎖を表現したものにすぎないが、物語になっているところが重要であり、これをナラティブと呼ぶことができる。

この本に先立つ『可能世界の心理』（一九八六）の中でブルーナーは、人間科学には二つのモードがあると提案した。論理実証モードとナラティブモードである。ここでモードとは、態勢のような意味で捉えておくのが良い。誰でも、近所のコンビニに買い物に行くときと、初デートの時では、ファッション・モードが異なる。ここで扱うモードも、そんな意味で捉えてほしい。

論理実証モードは、論理実証主義を前提にして、そのお作法で人間（種としてのヒト）について研究を行う際に用いられるモードである。論理実証主義は、外界の実在を前提とし、それを何らかの形で写し取ることができると考える立場であり、記号と演算によって外界の記述理解ができると考える。ヒトを対象に論理実証モードを適用するということは、個々人の意味をそぎ落として記述して理解するということを意味する。

一方、ナラティブモードは、私たちが自分や他人の生のあり方を秩序づけ意味づけするためのモードである。私たちは日々様々な経験をして今日の私を構築しているが、たとえばここ一カ月の自分の生活の全ての出来事を取り出して今の自分を語ることはしない。もちろん、生まれてから今日に至るまでの出来事を全て語るなどできるはずもないから、何らかの選択をして自分の生き様を語る。その際、個別の出来事の羅列《られつ》という形はとらず、ほぼ年代順にそれぞれの出来事を連関させながら語る。こうした様式がナラティブモードである。

†物語重視への転換（ナラティブ・ターン）の立役者

この『意味の復権』の第三章は「意味への参入」、第四章が「自伝と自己」、である。本書の中心は意味を作り出すこと、にあり、自己もまた意味づける主体としての役割を担わされている。

概念としての自己は抽象的な概念かもしれないが、個々人にとっての自己は生きながら不断に意味づけを行うプロセスそのものであり、意味づける主体をとりまく意味の集合体である文化と相互に影響し合っている。

ヒトがひとに成るための一つのキーは言語使用である。そしてそのためには準備期間が必要である。その際、私たちは、構音、語彙、文法だけを学ぶのではなく、語りの様式も学んでいる。私たちが誰であるのか、の意味を紡ぐ様式は物語（ナラティブ）の様式であり、物語（ナラティブ）は文化と相互に影響しあっている。

心理学における、物語という概念重視への展開を「ナラティブ・ターン」と呼ぶことがある。

意味づけから物語へという潮流を心理学にもたらしたのもブルーナーであり、今なおその影響は続いているのである。

Jerome *Bruner, Acts of Meaning,* 1990

（邦訳：岡本夏木・仲渡一美・吉村啓子訳、ミネルヴァ書房、一九九九）

18 ハーマンス、ケンベン『対話的自己』（原著刊行年 一九九三）
——自己はたった一つではない

ハーマンス（一九三七—）蘭の心理学者。『対話的自己』は自己の決定において対話がいかに意味をなすかを説いた一冊。

†自己とは自分のことではない

私が高校生の、確か一年生か二年生の時、小論文の添削だか模擬試験を受けた際に、「自己について」というようなタイトルの論題が出されたことがある。自分について書けば良いのだと思って、とにかく自分について何かを書いたところ、全体講評を見て驚いた。「自分のことを書いた人が多かったけれど、そういうことを書くのではなく、Self という概念について書くべきだ」というようなことが書かれていたのである。

衝撃であった。

そんなことは全くアタマに無かった。

17C	ロックの自己	社会変化の下でも自分は同一だという感覚の源泉としての自己
19C	ジェームズの自己	「I」と「Me」の分化。社会から見られるものとしての自己
20C	エリクソンの自己	Identity。社会の課題を乗り越えて成長するものとしての自己
21C	ハーマンスの自己	I-position。様々な役割をもつものとしての自己

心理学における自己の考え方の変化

自己について書けと言われたので、それは自分のことを書くことだと解釈して、あれこれ振り返って自分のことを書いたらダメだしを食らったのである。そこで求められていたのは、自分自身についての考察ではなく、より高次な（メタ的な）次元で「自己なるもの」を考察することであった。

これが概念としての「自己」と私の出会いである。

自分ではなく、自己。私自身ではなく自己なるもの。では、自己なるものを対象化するようになったのは歴史上いつからなのだろうか？　確かに、現在、自己という概念は存在するが、いつからこうした概念が存在したのか、ということを問うのも可能になるのである。

自己のような普遍《ふへん》的な概念（あるいは普遍的に見える概念）は、太古から存在したと思うかもしれないが、それは誤りである。自己に限ったことではないが、人間の性質に関する概念というのは、中世以降、ゆっくりと生成されてきたものなのである。

自己の心理学はロック以来の流れの中に存在しており、ジェームズ（1）やエリクソン（15）がそれぞれ新しい展開を模索していた（ほかにミードなどもいるが、ここでは触れない）。そしてハーマンスはそれらを越える形で自己理論を展開していると言えるのである。

†自己は複数存在する

二一世紀になって注目されている自己理論の一つが対話的自己（論）である。オランダの心理学者ハーマンスが提唱したこの理論では、唯一の固定的な自己というものを仮定しない。父母に対しては「子としての私」、恋人に対しては「彼女・彼氏としての私」というように、個人の自己は「〜としての自己」が複数集まったものとして考える。ただし、これらは役割のように固定したものではなく、個別の相手との関係によって規定される。また、ポジショニング（位置取り）の考え方を自己理論に取り入れ「〜としての私」に関する自己内対話によって自己が構成されていくと考える。つまり、こうした複数の自己が単に並列的にあるというのではなく、相互の位置関係をも考えるのだ。野球で九人のプレーヤーがそれぞれのポジションを守るように、様々な自己がそれぞれのポジションで役割を果たすのが自己なのである。エリクソンのアイデンティティが、社会との格闘の末に確立するものであったのに対して、ハーマンスの対話的自己は常に流動的で変幻自在となる。

対話的自己という考え方は、異なる自己が対立ではなく融和していく可能性を秘めた概念であり、それゆえグローバル化が進む世界に受け入れられる可能性がある。全く見知らぬ他者・考えもしないような行動をとる他者に対しても、相手との関係に応じた自己のポジション（Iポジションとも言う）を柔軟に設定していけば良いという指針を与えてくれるからである。

さて、日本人は英語で「I」にあたる語をイロイロと使い分ける。このことが、相手との関係によって自己のポジションを微妙に変えていることの表れだと捉えられるなら、「〜としての自己」が複数集まった感覚というのは、実は日本人には受け入れやすいと言えるだろう。また、自己を複数の変数に分けて測定するのではなく、自己が複数のIポジションから成り立つという考え方は質的な方法論に合致するものである。ただし、この考え方は海外では必ずしも受け入れられているわけではない。エリクソン(15)のように唯一無二の自己を確立することが重要だと考えている人や心理学者が多いからである。

†箱庭療法とコンポジション・ワーク

私がハーマンスと知り合った時、その妻はアグニエスツカ＝コノプカ＝ハーマンスとい

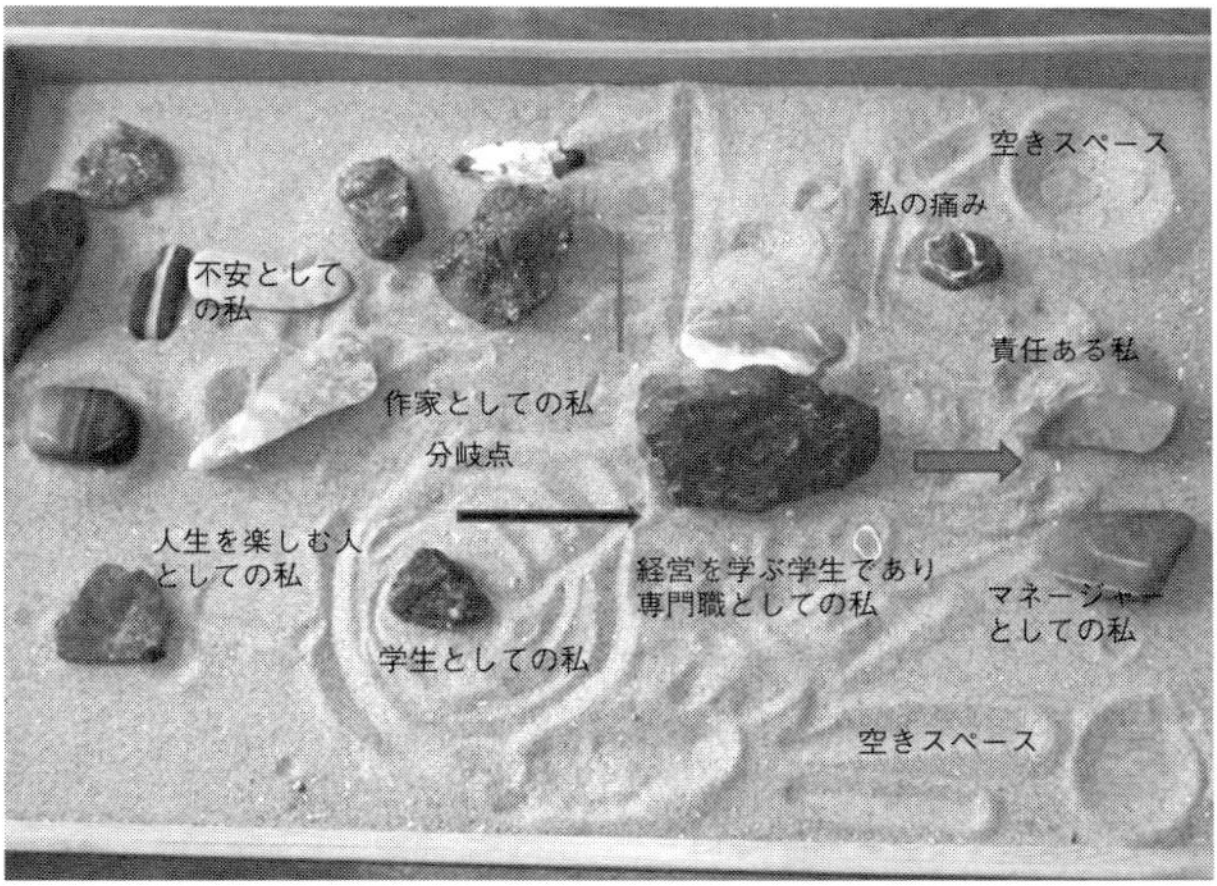

コンポジション・ワーク（PHOT　by アグニエスツカ）
出典）安田裕子、滑田明暢、福田茉莉、サトウタツヤ編『TEA 理論編』新曜社

う方だった（どうもそれ以前は違う方だったらしい）。二〇〇九年の日本心理学会を立命館大学で開催した時には、お二人をお招きすることができた。また、二〇一二年の日本パーソナリティ心理学会（島根）にもお招きすることができた。

アグニエスツカは、コンポジション・ワーク、という新しい自己発達支援と自己理解の方法を考え出した。これは日本では箱庭療法に似ていると言っておくと分かりやすいかもしれない。箱に入った砂の上に、石を色々と置いてみて、「＊＊としての私」「△△としての私」というようなことを表現して、自己省察をもたらす方法である。

そもそもコンポジションとは compo-

大仙院の枯山水庭園
（PHOTO　by アグニエスツカ）

sition であり、ポジションが共にあることである。また、composition が作曲と訳されることを考えれば、共に五線譜上に置かれた音譜が作り出すメロディが自己なのだという理解も可能になる。

彼女は来日した時に、竜安寺の石庭などを見て、日本の庭園表現と自分が行っているコンポジション・ワークに親和性があるということを感じたようである。箱庭療法もそうだが、枠の中の空間を構造として見ることが多く、過程（プロセス）を見ることが少ない。実は、さらに細かい話をすれば、彼女が共鳴したのは竜安寺よりも大仙院であった。大徳寺派の一つの寺院である大仙院の枯山水《かれさんすい》庭園は、「深い渓谷から流れ出た水がやがて川となって広がる」風景が表現されている。川は流れる。流れには時間がある。つまり過程を表しているのである。先に見たように、自己という概念は単一のものだという考えが欧米の心理学では主流である。それに対してオランダのハーマンスが複数のポジションから成る自己という考えを提唱し、構造化された自己という考えを心理学にもたらした。さらにアグニエスツカが時間の流れを重視するに至ったことは日本文化との整合性を考える上で興味深い。また、こうした自己の理解は、構造よりも過程の理解を重視する私とヴァルシナー(29)が開発したTEA(複線径路等至性アプローチ)とも関連することになる。

西洋の心理学では、自己を表現する時に、どうしても、構造や段階として表してしまいがちである。アグニエスツカは日本の庭園を見てそれを取り入れることで、西洋的な自己のモデル、構造モデルを、自分なりの方法で克服して過程モデルにしようとしているのである。そして、それはハーマンスの「＊＊としての自己」のような複数の自己を認める考え方があって、初めて成り立つものなのである。

H.J.M Hermans. & H.J.G. Kempen, *The Dialogical self: Meaning as Movement*, 1993
(邦訳：森岡正芳・溝上慎一・水間玲子訳、新曜社、二〇〇六)

第三章

社会領域——「人」としての心理学

19 フロム『自由からの逃走』（原著刊行年 一九四一）
――人間の本質とは何か

フロム（一九〇〇―八〇）独の精神分析学者。『自由からの逃走』はナチズム台頭を社会心理学的側面から分析し、注目された。

†悪についての洞察

第二次世界大戦前後の社会科学を発展させる原動力になったのは、ナチスドイツのヒトラーである、という悪い冗談がある。ヒトラーは一九三三年、ドイツにおいてナチス党を率いて政権を掌握し、その後、ユダヤ人虐殺を国策として設定し、さらには第二次世界大戦を引き起こしたものの、敗戦を前についには自決に至った人物である。

もちろん、ヒトラーが社会科学の研究者になったわけではない。あるいはヒトラーは悪い奴だ、ナチスドイツは悪だ、というような単純な善悪観に基づいて「悪を斬る」研究が発展したということでもない（そんなことは研究しなくても言えることだ）。悪についての社会科学的考察と洞察が進んだのである。その口火を切った一人が、精神分析左派と目されるフロムである。彼はドイツにおけるファシズムの勃興《ぼっこう》を社会心理学の立場から同時代的に分析し、この『自由からの逃走』を一九四一年に出版した。与えられた自由がある意味で重荷となり、権威主義とナチズムを歓迎したドイツの人々の心理を分析した書として知られている。

ヒトラーを対象にした研究は少なくない。デンマーク系ユダヤ人としてオーストリアで暮らしていたエリクソン(15)は、精神分析の概念を用いて、ヒトラーが父親に反抗する非行少年のイメージを国民と共有していると論じた(一九四二)。一九五〇年には社会学者アドルノが権威主義的パーソナリティについての著書を発表した。一九六〇年に逮捕された元ナチス官僚アイヒマンの裁判を傍聴した哲学者ハンナ・アーレントはまずその報告を雑誌『ザ・ニューヨーカー』誌上で行い(一九六三)、それをもとに『イェルサレムのアイヒマン』を出版した。そして、一九七四年に出版された社会心理学者ミルグラムによる『服従の心理』(24)も、執筆の動機は、ナチスのユダヤ人虐殺が引き起こされた社会心理学的理由を解明しようとしたものである(ただし、彼自身はこの研究をナチスだけに留めるのではなく、たとえばヴェトナム戦争におけるアメリカ軍人による民間人へのナパーム弾の使用判断にも適用できるものだと主張している)。

以上の流れを簡単に見てみると、初期においては、ナチスや当時のドイツ国民こそが問題であるという論調だったものが、ごく普通の人でも悪を体現する可能性があるという論調へとシフトしていることがわかる（それゆえ、アーレントやミルグラムの研究・著作は基本的に大きな尊敬を集めつつも、時に批判にさらされたのである）。一方、悪の社会科学的分析の先鞭《せんべん》をつけたフロムの著作はその斬新な分析と同時代的な即時性によって多くの読者を獲得し、しかも決して古くならずに二一世紀においても新しい読者を獲得し続けている。

†近代における人間とは

精神分析とマルクス主義を融合したフランクフルト学派の代表作というのが、この『自由からの逃走』に与えられた評価である。二〇世紀を代表する思想家フロイト(11)とマルクスの融合である。融合してさらに良いモノができたかというと、その両者を越えることはできなかったが、それでも、決して単なるいいとこ取りではなく、人間の本質について深く考えさせられる思考を作ることに成功した。

本書は近代人の性格構造を明らかにする目的で書かれた。近代とは何か、ということは大変おもしろい問いで、私は福島大学行政社会学部に勤めている時、様々な分野の同僚の学者に聞いて回ったことがある。その中で、ある人がウェストファリア条約以降だと言ったこと、またある人はフォードシステム以降だと言ったこと、が記憶に残っている。

フォードシステムとは、一九一〇年代のアメリカで自動車会社のフォードが整えた自動車組み立てのシステムである。部品を規格化した上でベルトコンベヤーによる流れ作業を体系化することによって、自動車の大量生産、価格引き下げを可能にしたものであり、こうした方法は他の製造業にも広がっていった。

喜劇映画監督・俳優のチャップリンは『モダンタイムス』という映画を作り、近代を風刺した（一九三六）。Modern Times ＝近代である。

モダンタイムスのワンシーン
©dpa／時事通信フォト

上の写真は職公が働いているうちに、巨大なシステムの一部として組み込まれてしまう様子を見事に描いたシーンであり、『モダンタイムス』の象徴的シーンとして知られている。近代はそれまでの時代（封建時代など）と違って、個人の自由は格段に増大したように見えた。身分制度の壁はそれ以前とは比べものにならないくらい小さくなった。とはいえ実際にはより大きな力に監視されているのではないか、という不安を描ききったところに映画『モダンタイムス』の価値がある。ちなみにトーキー（発声）映画が一九二七年に出現して九年たっており、映画界は全体としてトーキー時代を迎えていたが、チャップリンはこの映画をサイレント（無声）で作っている。

そして、チャップリンの最初のトーキー映画はこの映画の次に作られた『独裁者』（一九四〇）であり、そのラストシーンにおける「ユダヤ人の床屋」の長口上が音声言語の強さをストレートに伝えている。床屋のチャーリーは独裁国の総統に容貌がそっくりだったため、間違えられて総統にかわって演説をする羽目になるのだが、総統の身代わりではなく、自分自身の言葉で演説することを選ぶ。そして、独裁体制を否定し、自由と助け合いの世界を作ろうと呼びかけたのである。人々に希望を伝えるエンターテインメントの傑作である。

†社会的性格という新たな概念

『自由からの逃走』に先立つ一年前に、チャップリンはエンターテインメントという形で、近代人の性格構造への批判を行っていた。学問は映画に遅れたということも可能である。

もとより、『自由からの逃走』はエンターテインメントではなく、悪の社会科学的分析の嚆矢《こうし》であり、同時代的にこうした分析を行っていたことには計り知れない価値がある。もちろん、緊急事態にある社会を思いつきで分析するわけにはいかないから、理論が重要になる。理論こそが曖昧《あいまい》で分かりにくい同時代的状況を分析することを可能にする。社会的性格（social charachter）という概念によって、集合的な現象を説明したところにフロムの考え方の斬新《ざんしん》さと面白さがある。普通、性格というと、個人の性格を指す。それは個人差のことであり、同時代人の個性のことを言うが、フロムの社会的性格は社会状況によって育まれた人々の性格のことを指している。

社会のあり方は、その社会の中の個人の生活様式を決定することによって――つまり自分の仕事に対する関係や他者に対する関係を決定することによって――、個人の性格構造を決定する。新しいイデオロギーが発生するとすれば、それは変化した性格構造に由来するし、またそれと同時に性格構造に何かを訴える。そしてこの新しい性格構造が経済的発展を可能にして社会過程に影響するようになる。このようにして、社会と個人の関係は不断の影響過程を通じて一定の方向に維持されると、フロムは考えた。

こうした立論に対して実証データも無いのにモノを言うのは傲慢《ごうまん》だ、という批判をする人（実験心理学者）もいるかもしれないが、そういう人は緊急事態において社会を批判的に捉えるということに対しては臆病《おくびょう》だ、ということになるのかもしれない。ミルグラム(24)のように、ナチスドイツをモチーフとした心理学的研究は少なくない。しかし、実験計画をたてて実際にデータをとって分析してからやっと論文や本を書くことができるので、成果が出るまでにとてつもない時間がかかる。ファシズムの嵐が過ぎ去ってからデータに基づいて書かれたとしても、次にいつ活かせるのか？　という疑問がでるのも確かである。何事も、利点は欠点、欠点は利点である。

†権威主義的パーソナリティの本質

実は、「自由からの逃走」と呼ばれる状況は、ヒトラーの時代に初めて起きたわけではない、とフロムは考えた。最初は宗教改革の時代である。それは近代資本主義の根源とされる時期である。即ち封建的土地領有が終わりを告げた時期である。一五世紀末頃までには資本家が幅をきかせるようになり、たとえば鉱山ギルドにおいては、働かない資本家と働く労働者の分化が見られた。農業においても隷農《れいのう》と呼ばれる農家が大部分を占めるようになった。資本主義の萌芽が見られたこの時期は、同時に中世の協同的世界から個人が自由を得るプロセスでもあった。

ただし、共同世界から解放されることは孤独をも意味する。動揺、無力、懐疑、不安をもたらす。ルター主義やカルバン主義が現れたのはまさに一六世紀のことだったのである。ルターはよく言えば免罪符販売などで堕落《だらく》した宗教を改革した人物であるが、中世末期スコラ哲学者への攻撃はすさまじく、また、農民の大量虐殺やユダヤ人への敵対心などをあからさまに煽《あお》った人物でもある。フロムは、新しい宗教的教義や政治的原理を心理学的に分析することに意義を見出しているが、その際には、唱道する側と受け入れて従う側の双方の心理を分析する必要があると強調する。彼はルターがいわゆる権威主義的パーソナリティの持ち主だったと考察しているのである。

第二章で扱ったエリクソン⒂はライフサイクルとその危機という観点からルターを分析しているが（『青年ルター』）、それによれば、ルターは自己の同一化（アイデンティティ）を確立できず、むしろ拡散の危機にあり、サディストであるとしている。もちろんフロムもルターがサディスト的だと考える点ではほぼ一致しており、サディズムの本義は人を痛めつけることにあるのではなく完全に支配することにある、としている。エリクソンもフロムも、フロイト⑾に始まる精神分析の流れをくんでいるのだから、そういう点では一致するのだろう。

少し時計の針を戻そう。古典文化を復興しようとするルネサンス（一四～一六世紀）はまさに中世最後の花火であり、上流階級がそれを謳歌《おうか》した。中世が終わりを告げ、封建主義が没落すると、下層階級には獲得すべき多くのものが眼前に現れた。そして、中流の人々は、新しい自由とそれとは背中合わせにある孤独や絶望に苛《さいな》まされていた。上流階級とそのキリスト教的主張（カトリック）への怒りがあり、下層階級への恐れがあった。ルターが唱道した新しい宗教の教えは、中産階級が感じる無力さが人間の本性に由来するものであるとし、合理的根拠を与えてくれたのである。また、仕事への衝動、節約への情熱、禁欲主義、全体への回帰、などの性質を与えることを通じて、不安を克服し、経済的安定をも与える指針を示してくれたのである。

最後に『自由からの逃走』の主題に立ち返ろう。この本の中心は、二〇世紀のドイツにおいて、なぜ多くの人がファシズムに従ったのか、ということの分析にある。さてファシズムを分析する際には社会経済的問題として見る見方と心理的問題として見る見方がある。

前者について言えば資本主義の発達と産業構造の変化は、ある意味で人々の力を増大させ、「強く」「速く」を可能にしたといえる。ただし、それまでの職業や絆から人々を自由にしたが、一方で自分の価値を保証してくれるものへの依存を高めることにもなった。そして、その影響を受けたのは中産階級（特に下層中産階級）だったのである。後者について言えば、ヒトラーその人の精神病理を解明するということと、彼に従った多くの人たちの心理を解明しなければいけないということになる。フロムはヒトラーこそが、権威主義的パーソナリティの最適な例であるという。その自伝である『わが闘争』にはサディズムとマゾヒズムの共存が見られるが、それこそが権威主義的パーソナリティの本質なのである。また、そうした共存を民衆に与えることにも長けていた。演説により民衆の意思を骨抜きにして、彼自身と同じ権威主義的性格構造として再構築したのである。

†自由とは何か

この本は自由に関する書である。フロムは自由を消極的自由と積極的自由に分けている。前者は一次的絆から解き放された自由であり、孤独や不安も伴うリスクがある。後者は、全体的なパーソナリティの自発的な行為のうちに存在するという。そしてその指標は個人が自分の生活および社会の生活に積極的に参加しているかどうかである。行動の自由があるかどうかではなく、自分の全存在を賭けた自由な選択、これこそが自由の意味なのであり、そのような条件を作っていくことこそが、常に、私たちの世界に求められることなのである。

Erich Fromm, *Escape from Freedom*, 1941
（翻訳［新版］：日高六郎訳、東京創元社、一九六六）

20 フランクル『夜と霧』（原著刊行年 一九四七）
――人生の意味を問いなおす

フランクル（一九〇五―九七）精神医学者。『夜と霧』は本人の体験をもとにした歴史に残る名著。

†圧倒的な価値の源泉

心理学領域での最大の名著の一冊はこの本である。異論がある人はいないはずだ。しかし、同時に、名著ではあるが心理学ではないという感想を持つ人もいる。著者ヴィクトール・E・フランクルは神経学と精神医学の訓練を受けた学者であるからだ。とはいえ、受けた訓練で「何」学者であるかが決まるなら、心理学が成立する前に訓練を受けたヴントやジェームズもまた、心理学者ではないことになる。この本を実存主義に基づく人間性心理学の曙光《しょこう》として、心理学の名著として扱うことには何の問題もないだろう。

実際、フランクルのドイツ語版（原版）のタイトルを直訳すると『…それでも人生にイエスと言う――ある心理学者、強制収容所を体験する』である。つまり、――アメリカ心理学の影響を強く受けた日本では違和感があるかもしれないが――、彼自身が自らを心理学者と定義し、その経験を描いたものだとしているのである。

もとよりこの本は、誰が書いたか、「何」学者が書いたのか、が問題なのではない。強制収容所体験を描いた、つまり、強制収容所に収容され、しかも、生還した人物が書いた本だというところに、圧倒的な価値の源泉がある。

強制収容所とは、ナチスドイツが国家政策としてユダヤ人を根絶せんとして収容した施設であり、多くのユダヤ人を死に至らしめた施設である。

そして、生き残った人、亡くなった人、後者が圧倒的に多数なのだが、収容所における経験を文字にして後世に伝えたのはフランクルであり、その本人が自分を心理学者と定義しているのである。このことの意味は小さくない。この本が心理学の名著である理由は、まさにここにある。フランクルを含む何人かの心理学者は、実存主義に基づく人間性心理学を展開したのであり、それは心理学の範囲を広げるものでもあったのである。

†人生の意味を見出す力

フランクルは収容される前からウィーンで精神医療に従事しており、「実存分析」を提唱している有力な存在だった。「ロゴセラピー」（人が自らの生きる意味を見出すことを助けることで、心の病を癒す心理療法）として知られる心理療法も（完全ではないが）既に考案されていたと思われる。そもそも、早熟の天才でもあった彼は、一七歳の時、フロイト⑾の精神分析に関心を持ち始め、すぐにその還元主義からも離れ、その後アドラーに関心を寄せ、最終的には自らの体系を作りあげたのである。

フランクルは、最初テレージエンシュタット収容所に収容され、彼の父はそこで死亡した。母と妻は他の収容所に移送されて死亡した。その後、フランクルは、悪名高きアウシュビッツ収容所にも収容されたが、数日で他の収容所に移され、ナチスドイツの敗戦後に解放された。

強制収容所では、希望と絶望が交錯し、たとえば「次のクリスマスには解放される」というウワサが流れたりする。これは願望の言語化にすぎないため実現することはなく、それがわかると失望のあまり死んでしまう人がいる。

一方で、どんな状況でも楽しみを見出す人がいることにフランクルは気づいた。そして、どのような状況でも人生に意味を見出そうとすることが生きることにとって重要だという考えに至ったのである。実は、強制収容所についての体験報告は決して少なくないのだが、フランクルは、自分の経験を単なる体験談をこえて心理学の立場から解明することを目指したため、他の報告とは異なる人類史的な果実を得ることができたのである。

意味を探究することは、二〇世紀前半までの心理学においては唾棄すべきものだと見なされがちであったが、それ以降の心理学は意味の探究を一つのテーマにしていくことになる。ブルーナー(17)はその旗手の一人である。実存主義はそうした傾向の思想的な屋台骨(バックボーン)となった。

†「私にしかできない何か」を問う

フランクルが提唱した「ロゴセラピー」の前提となる考え方は、収容所経験以前から育まれていた。

収容所経験においては、生きることの意味を問う必要に迫られることが多かったとフランクルは言う。「私は何のために生きているのか?」このような問いに対して答えが見いだせなければ、人生は絶望的なものとなる。しかし、フランクルはこのような問いを立てるのではなく、「あなたが生きることが、あなたに対して期待していることは何か」を問うべきだと述べている。つまり「自分の人生は何のためにあるのか」ではなく「自分が生かされているのは、私にしかできないことがあるのではないか」と問うべきだというのである。我が子が収容所の外で待っている人、ある分野の研究者で、その人でなければ現在進行中の仕事を完成できない、というような例において、かけがえのない自分に対する期待／意味を想像すべきだというのである。

人は、実に簡単に、「私は何のために生きているのか」ということを問い、すぐさま「何の希望もない」と答えてしまう。しかし、そのような問いをすべきではないのである。実際、ジェットコースターに乗っている時に、「私は何のために生きているのか」を問う人がいないように、のっぺりとした日常においてこそ、こうした問いが出てきてしまう。二一世紀の比較的平和な日々であってものっぺりとした日常を感じて、「私は何のために生きているのか」を問い絶望する人が存在する。今こそ、「私にしかできない何か」が世界にもたらす可能性を問うべきなのであり、本書はそのことに気づかせてくれる心理学最大の名著なのである。

†旧版と新版の違い

本書は『夜と霧』新版である。訳者が変わり言葉が現代風になった「新訳」もあるが、参照すべき原著自体が変更されているのである。旧版は一九四七年の原著の翻訳であり、新版は一九七七年の原著の翻訳である。

新版訳者（池田香代子）によれば、旧版には、モラルという語が多用される一方で、ユダヤという語が一度も出てきていない。フランクルは、ユダヤという個別民族の受難ではなく人類の体験記にしたかったからこそ民族名を使わなかったのだが、その一方で、この出来事をモラルの問題に帰することにより、冷静さが一部失われていることに気づいたのではないか、というのが池田の解釈である。また、旧版には巻頭にナチス強制収容所の「解説」が、巻末には「写真」が付されている（新版にはない）。この本については、新版・旧版いずれも手に取ってみることを勧めたい。

新版の冒頭は、

「心理学者、強制収容所を体験する」。これは事実の報告ではない。体験記だ。

から始まっている。レポート（報告）では捉えられない、伝えられないことが確かにあるのだろう。そして、体験記とすることによって心理学の名著が誕生したのである。

Viktor Emil Frankl,
Ein Psychologe erlebt das Konzentrationslager, in trotzdem Ja zum Leben sagen, 1977
（邦訳［新版］：池田香代子訳　みすず書房　二〇〇二）

＊一九七七年に新たに手を加え、改訂版が出版された。原著の初版は一九四七年（日本語旧訳版の初版は一九五六年）

21 レヴィン『社会科学における場の理論』（原著刊行年 一九五一）
――ゲシタルト心理学の流れ

レヴィン（一八九〇―一九四七）独の社会学者。『社会科学における場の理論』はゲシタルト心理学の概念の総仕上げといわれる一冊。

†ゲシタルトの概念を取り入れる

ゴルフでも茶道でも、上達するには欠点を直していくしかないのだが、一方で、細かいことを一つずつ改良してもキリがない。スイングを腰から行うことを意識すると、他の部分が遅れてしまう。手首に意識を持っていくと腰より手首が先に動いてしまう。一つのことを直そうとすると他がかえってダメになるということは誰でも経験があるはずである。

一方、ゴルフスイングの全体構造というものを明確に捉えて、その構造をスムーズに実現するために、そこに至るプロセスを一連の流れとして体得することができれば、おそらくゴルフは上達する（はずである）。

個々の要素ではなく、全体構造が重要だというのがゲシタルト心理学の主張であり、後に述べるように主要な唱道者が五名いるのだが、ここでは代表して一番若年のレヴィンの本をあげることにした。

さて、ゲシタルトとは、ドイツ語で全体とか形態を意味する語（Gestalt）であるが、日常生活で最も知られている言葉は「ゲシタルト崩壊（Gestaltzerfall）」であろう。簡単に体験できる現象に「文字のゲシタルト崩壊」がある。例えば同じ文字（平仮名の「ゆ」）を長時間注視していると各部分がバラバラに見え、その文字が何という文字であったかわからなくなる現象である。同じ文字（漢字でも平仮名でも）を書き続けてもゲシュタルト崩壊を経験できる。とりあえず、二行分だけ例を示しておくが、やりたい人は自分で書いてみて体験してほしい。

ゆゆゆゆゆゆゆゆゆゆゆゆゆゆゆゆゆゆゆゆゆゆゆゆゆゆゆゆゆゆゆゆ
ゆゆゆゆゆゆゆゆゆゆゆゆゆゆゆゆゆゆゆゆゆゆゆゆゆゆゆゆゆゆゆゆ

人間の心理におけるゲシタルトの重要性を最初に唱えたのはオーストリアの哲学者エーレンフェルスであり一九世紀末のことであった。彼は、あるモノやコトの特徴というのは、それを構成しているパーツ（要素）の総和ではないということを、音楽を例にして、主張した。

「チューリップ」という歌のメロディは、音譜でいえば、ドレミ、ドレミ、ソミレドレミレという音の連なりから成り立っている。それぞれの音が要素である。しかし、これらの音符をそれぞれ個別に聴いて理解することはメロディ全体を理解することとは違う。また、これらの音を一度に演奏したとしても濁った音になるだけで、チューリップという歌のメロディにはならない。ドレミ、ドレミ、ソミレドレミレという音の連なりを演奏していくことによって、曲を感じることができるのである。

一方で、音楽には「移調」という現象があり、始めの一音を変えても、同じ質のメロディを作ることができる。「チューリップ」という歌も、ソから初めてソラシ、ソラシ、と続けて行けば、音の高さが異なるものの、全体としては同じ質のメロディを聴くことができる。

こうしたゲシタルト概念が心理学とどのように関係するのだろうか？　この概念を知覚心理学に取り入れた心理学者がいたのである。

エーレンフェルスのアイディアをもとにヴェルトハイマーが具体的な実験によって視覚研究を行うことでゲシタルト心理学に火がつき、それをケーラーとコフカが支え、さらに若年のレヴィンが付き従い盛んにしたというのがゲシタルト心理学の布陣（フォーメーション）である。ちなみにエーレンフェルス以外の四人は後にナチスドイツを避けるためにすべてアメリカに移住している。

†動きのゲシタルト：なぜ光が動いて見えるのか

ヴェルトハイマーは法学を学んだ後、心理学に転身した。そして、フランクフルト大学で職を得た後、運動の知覚に関する画期的な論文「運動視に関する実験的研究」を発表した（一九一二）。

踏切には二つのランプがある。そして、カンカンカンという音と共に光が動いているように見える。実際には、光が動いているのではなく、右と左が一定の間隔で付いたり消えたりしているだけなのだが、私たちには光が動いているように見える。つまり、移動を見ることができているのである。

もし光が実際に動いているのなら、片方のランプを見えないように隠した場合でも、途中までの動きが見える。しかし、踏切の場合はそうはいかない。片方を見えないようにすれば、一つのランプが点滅しているだけである。しかし、交互に点滅する二つのランプを見ることは、交互に点滅するランプではなく、移動する光を見ることになっている。二つのランプの点滅の知覚は、「点滅」とは異なる「動き」という知覚をもたらしているのであり、それが動きのゲシタルトなのである。そして、動きの知覚は部分の知覚には還元されない。動きの知覚は点の知覚（部分的知覚）に還元されないのである。

なお、ヴェルトハイマーは知覚の問題に関心をもちつつ、思考や発想の問題にも関心を拡張し、没後に公刊された『生産的思考』（一九四五）によれば、思考を生産的思考（productive thinking）と再生的思考（reproductive thinking）に分類することを提案した。前者は提示された問いに対して新しい解を自ら創造することで解決を目指す思考であり、後者は問いに対して過去の経験に基づいてその解を想起して解決を目指す思考である。

つまり、生産的思考とは問題の根底にある構造を把握して解決を見出す思考であり、再生的思考とは問題に対して自分の習慣や経験に基づいて解決を見出す思考である。再生的思考は過去の経験を生かすため、多くの経験を積んでいれば解決に近づけることになる。しかし、経験から解を引き出せない場合にはすぐに挫折してしまうのである。

†ゲシタルト心理学の展開

三十代のヴェルトハイマーと共にゲシタルト心理学を展開していったのは、少し年下のコフカとケーラーだった。

コフカはゲシタルトの知覚心理学的な展開に尽力し『ゲシタルト心理学の原理』という大著を世に問い（一九三五）、ゲシタルトは知覚の体制化のことであると論じることになる。ヒトは複雑に見える外界の刺激を単純で明快な方向へと知覚しようとする傾向があるとしたのである。これはプレグナンツの法則と呼ばれる。

ケーラーは、学習の領域でゲシタルト心理学に基づいた新しい学説を唱えた。当時は行動主義が勢いを持ち始めた頃であり、その背景には要素主義的で連合主義的な学習理論があった。ケーラーは行動主義の影響を受けず、一九一三年からアフリカの北西に位置するテネリフェ島（カナリア諸島）に作られた類人猿研究所でチンパンジーを用いた観察実験を行っていた。

チンパンジーの手の届かない高さに天井からバナナを吊す。するとチンパンジーは必死にジャンプしてバナナを手に入れようとする。届かない。その時、木箱があるとどうなるか。チンパンジーは木箱を踏み台にしてバナナを手に入れたのである。しかし、行動主義的な学習理論からすると、木箱を取りにいって、置いて、その上に乗って、バナナを取るという行為は説明できない。踏み台にする木箱を取りに行くという行為は、試行錯誤を繰り返しているうちにたまたまできた、ということとは異なるからである。

木箱を取りに行くためにはエサから遠ざからなければいけない。エサを手に入れるために迂回《うかい》的な行為をすることは、自分の行為の目的を全体的に構造化しなければできない。自分が解決すべき問題（ここではバナナを手に入れること）の全体を構造化したうえで、たとえ遠回りになっても目的を成し遂げる、こうしたプロセスのことをケーラーは洞察《どうさつ》学習と呼んだ。また、道具の使用という意味においても、チンパンジーのこうした行動は興味深い。木箱を踏み台として扱うことは、本来の目的とは異なる利用をすることであり、あるモノを他のモノとして「見なして」コトを成し遂げるには、記号を成立させなければいけないからである。

なお彼の研究は『類人猿の知恵試験』（一九一七／一九二一）という本にまとめられ，広く読まれることになった。たとえば、ロシアの心理学者・ヴィゴーツキー(13)はケーラーの学説と研究に影響をうけている。

†子どもには場の構造をとらえるのが難しい

ゲシタルト心理学の最若手のレヴィンもまた全体構造に関心を持っていた。そして彼が関心をもっていたのは発達や社会という領域であった。

レヴィンがヴェルトハイマーら三人と一緒に研究をしたのは一九三〇年代のことであり、レヴィンは体験を通じて構造化される空間というものに興味をもち，それを生活空間として概念化した。物理学から場理論の考え方を導入し、境界、障壁、通路などの概念を使って人間の行動を表そうとしたのである。

ドイツ時代のレヴィンは、子どもを対象に研究を行っていた。その中で有名なのが「ハンナ（Hannahs）ちゃん、どうしても石に座れない！」と私が名づけたフィルムである。有名と言いながら、実はそれほど有名ではないのだが、一見に値する映像である（http://www.youtube.com/watch?v=BeS9R4wLcgY）。

目の前の石に腰を下ろすということは何気ない動作であり、オトナであれば、ごく普通に行うことができる行為である。ところが、ある時期の子どもにとっては思いのほか難しい。座るべき石に背を向けるということが難しいのである。

一歳七カ月のハンナは、自分の膝より低い高さの石に座ろうと試みている。まず前屈みになって石の上に両手をつくのだが、どうしても座ることができない。お尻を石の上につけるのが座るということなのだが、石から目を離して背を向けてから腰を下ろすことができないのである。手をつきながら石に向かって進もうとしてしまい、結果として、石を中心にぐるぐる回ることになってしまう。

何故こんなことが難しいのかというと、自分が石に座るためには、目標物である石から背を向けて目を離して腰を下ろさなければいけないということが分からないからなのだ。

見かねた三歳児が手本を見せて座って見せるのだが、ハンナは全くピンとこない。相変わらず石に座ろうとして、しかし、石の周りを回り続けてしまうのである。

この映像を通じてレヴィンは、ある時期の子どもには、場の構造を全体的に捉えることが難しいことを示した。さらに言えば、場のゲシタルトを看破することが難しい、とレヴィンは一つのシーンから説いて見せたということが言える。この「場のゲシタルト」という考え方は前述したケーラーによるチンパンジーのバナナ取りの場面と同じ構造である。一度、目標から遠ざかることこそが重要なのだ、という意味でこの二つの場面は等価なのである。

そして、目標物だけ見続けて場の構造が見えない、ということはハンナちゃんだけの問題ではない。オトナである私たちにもよくあることだ、と自省できることが重要なのだ。目的にまっしぐらに向かってグルグルしてる、ということは無いだろうか。ハンナちゃんを笑えるだろうか？　問題のゲシタルトを把えることが重要なのである。

さて『社会科学における場の理論』であるが、場における人間行動理解のための様々な概念枠組が紹介されているほか、レヴィンの時間的展望についての定義が収録されている。「ある一定の時点における個人の心理的過去と未来についての見解の総体」である。人生における時間的見通しについても構造の理解を行うことが重要だというゲシタルト心理学の原理が反映されていて興味深い。哲学から始まったゲシタルトの理解は、知覚心理学、認知心理学、社会心理学へと影響しているのである。

なお、この本はレヴィンの死後、カートライトによって編集された論文集である。

Kurt Lewin, *Field Theory in Social Science*, 1951

（邦訳［増補版］：猪股佐登留訳、誠信書房、一九七九）

22 マズロー『人間性の心理学』（原著刊行年 一九五四）
――動機づけを与えるために

マズロー（一九〇八―七〇）米の心理学者。『人間性の心理学』は真の人間の有様を獲得するために書かれた名著。

†よりよい生活を送るためのヒント

元気になる本。心理学のビタミン。心理学を専攻している以上、好き嫌いはともかく一度はマズローの本を読むべきであろう。また、マズローの自己実現理論は経営学やマーケティング理論にも影響を及ぼしており、その意味でも必読文献の一つであろう。

科学的な心理学を標榜《ひょうぼう》する行動主義、神経症の治療を通して人間を理解しようとする精神分析。この二つの心理学が席巻していたのが一九五〇年代の状況であった。そこに、マズローの心理学は第三の心理学を標榜したのである。健康な人の精神状態を理解し、よりよい生活をおくるための心理学を目指したのがマズローであり、彼は人間性の心理学を打ち立てた。最近、セリグマン（5）がポジティブ心理学を展開しているが、その遥《はる》か以前から、人間の肯定的な側面に注目していたのがマズローである。

心理学史の知識が少しでもある人は、心理学においては、行動主義、精神分析の他にゲシタルト心理学があるはずで、マズローの心理学は第四の心理学ではないか？　と疑問をもつかもしれない。実は、マズローはゲシタルト心理学の影響を大きく受けているのである。『人間性の心理学』の謝辞にヴェルトハイマーやコフカの名前があげられていることからそのことがわかる。もちろん、マズローの主張はゲシタルト心理学そのものではないが、行動主義、精神分析とは異なる第三の心理学なのである。

†ピラミッド型の欲求段階

マズローは、欲求についての段階的（階層的）整理によって有名である。その考えの基本には動機づけがある。motivation をなぜ「動機づけ」と訳したのかは分からないが、日本語を豊かにする意味でこの訳語を考案した先人たちを称えなければいけないだろう。ニーズ（needs）という語があり、それはたいてい必要とかニーズと訳されているが、その本来の意味は欠乏である。そして、その欠乏を埋めるための行動が、動機づけられた行動ということになる。ここでその基盤になるのはホメオスタシスという概念である。ホメオ

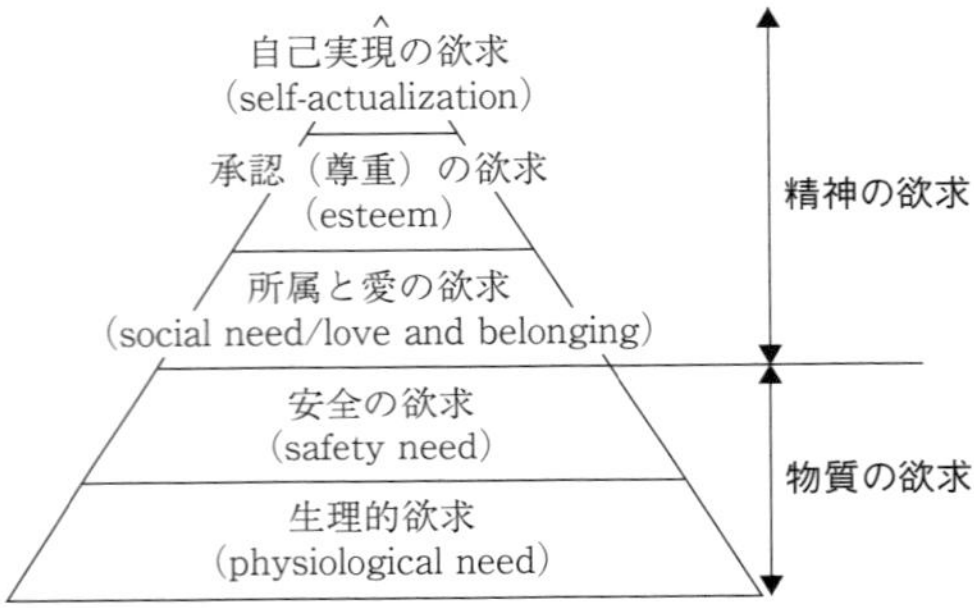

マズローの欲求5段階説

スタシスとは恒常性と訳されることもあり、生物（や鉱物）がその内部環境を一定の状態に保ちつづけようとする傾向のことを言う。あらゆる欲求がホメオスタシス性を示すとは限らないが、食欲などはホメオスタシス性を示すのではないかとマズローは考えた。そして生理的欲求は最も優勢であるが、それゆえ原初的かつ重要な欲求であると考えた。

生理的欲求が満たされると、安全の欲求が満たされる必要がある。ついで、所属と愛の欲求がある。そして承認の欲求、最後に自己実現の欲求である。そして、これらの五つの欲求は、下に行くほど広いためピラミッド型の欲求階層が図式として表される。

マズローは彼自身の動機づけの理論は、第一にジェームズ（1）やデューイの機能主義の流れの中にあり、第二にヴェルトハイマーなどゲシタルト心理学（21参照）の全体論に融合するものであり、そして、フロイト(11)、フロム(19)、ユング(12)などの力動論とも融合すると主張するのである。マズローは様々な学説を批判しつつも良いところを見つけてまとめていく、という姿勢なのである。また、こうして作られた考え方はロジャーズ(14)の考え方と共振し、生物としての「ヒト」の心理ではなく社会の中で時間的見通しを持って生きる「人」の心理学を表し、人間性心理学の核を作ることになったのである。

†自己実現

さて、動機づけは、足りないモノを充足するという概念であるが、それだけではなく、成熟や成長に向かう動機づけもあるはずだ、とマズローは言う。

この意味でマズローが重視するのは自己実現である。この概念はもともとオランダ出身でコロンビア大学の精神医学臨床教授となったゴールドシュタインがその全体論的理論の立場から用いたものであるが、マズローはそれを欲求の階層と関連づけて洗練化した。自己実現する人とは、自身の才能、能力、可能性を生かして自分自身ができるかぎりの最善を尽くしている人物であるという。

マズローが自己実現している人間として認めているのは、アメリカの第三代大統領ジェファーソンと第一六代大統領リンカーンの二人だけである。アインシュタインやスピノザなど六名は「非常に可能性のある者」、ベートーヴェンやフロイトなど七名は「欠けるところはあるが、研究に使用可能な者」という扱いである。マズロー自身はどうなのか?と問いたくなるような人選であるが、そうした批判は置いておいて、マズローの自己実現の考え方を垣間見ることができる。

†心理学における手段と目的の取り違え

的確さ、洗練されたもの、技術、装置などを当然のこととして強調すると、一般に問題や創造性のもつ意義、重要性が、しばしば軽視される結果になる。(略)方法論的に見て満足すべき実験であれば、それがつまらないものであろうとなかろうと、ほとんど批判されることはない。(略)

博士号をめざす人に要求されるのは、専門領域におけるテクニックを知ることであり、その分野でこれまで蓄積されてきたデータを理解することなのである。(略)その結果、明らかに創造力に欠ける人が「科学者」になれるのである。

以上は『人間性の心理学』一八頁からの引用である。もちろんマズローは方法論を低く評価しているのではない。科学――そして科学であるかどうかはともかく――心理学においても手段が目的と取り違えられる傾向にあることを憂いているのである。

別のところでマズローは、学者には手段中心的傾向をもつ人と、問題解決志向的傾向をもつ人がいると暗示する。そして、手段中心的傾向によって助長される危険な風潮として、科学の領域を狭めていく傾向があることを憂慮《ゆうりょ》している。

メガネを拭くのに熱心でメガネでモノを見ることを忘れている人がいる、と言ったのはフロイト(11)らしい。また、ある種の心理学的研究は、闇夜でモノを落とした時に街灯のある明るい場所だけを探すようなものだ、ということもよく言われる。さらに、心理学は学ぶ前の者には希望を、学んだ者には絶望を、与える学問だと言った人もいる。

この本は、心理学に絶望しかけた人に動機づけを与えることをも目指しているのかもしれない。動機づけとは何かを解説するのではなく、これを読んだ人が動機づけを与えられるように計画されているのである。その意味でこの本を「心理学のビタミン」と呼んだのである。摂りすぎにも注意すべきなのは言うまでもない……。

A. H. Maslow, *Motivation and Personality*, 1954

(邦訳:小口忠彦訳、産業能率大学出版部、一九八七)

23 フェスティンガー、リーケン、シャクター『予言がはずれるとき』（原著刊行年　一九五六）
――人は都合よく出来事を解釈する

フェスティンガー（一九一九―八九）米の心理学者。『予言がはずれるとき』は「認知的不協和の理論」を検証する社会心理学の一冊。

†終末予言と認知的不協和理論

フェスティンガーは、レヴィン（21）の弟子である。一九四七年、そのレヴィンが心臓疾患で亡くなると、グループダイナミクス研究センターはＭＩＴ（マサチューセッツ工科大学）での研究継続に暗雲が立ちこめ始めた。しばらくは凌《しの》いだもののミシガン大学に移ることになり、関係者はそれぞれの道を探し、フェスティンガーはミネソタ大学を経て一九五四年にはスタンフォード大学へと移った。

この一九五四年には、アメリカのあるカルト教団において終末予言騒ぎが起きていた。

それを扱ったのが本書であり、その核心となる理論を発表したのがその翌年（一九五七）に発行された『認知的不協和理論』である。

社会心理学の研究には様々な源流が存在するが、ブルーナー（17）が行ったコインの大きさがどのように見えるか（貧困家庭の子どもはコインの大きさを過大視する）についての研究もその一つである。この研究は、知覚に社会的要因が影響することを示したものであった。さらに進んで対人知覚の研究も社会心理学の中で行われるようになった。

認知の問題が社会心理学に取り入れられると、アメリカの社会心理学者ハイダーが二人の人に事象を加えた三者関係の認知について、バランスがとれた状態を求めて認知が変化することを示した（バランス理論）。

たとえば、自分が付き合っている恋人がいて、その恋人が（自分は嫌いな）ネコが大好きだとする。すると、自分と恋人の関係はプラス、恋人とネコの関係はプラス、自分とネコの関係はマイナス、ということになって不安定な状況となる。この場合、「好きな恋人ではあるが毎回のデートがネコカフェでは付き合っていられない」と考えて恋人との関係をマイナスにする（解消する）か、「これまでネコは嫌いだったけど、恋人と仲良くやっていくためにネコ好きになろう」と考えて自分とネコの関係をプラスにする、というように、三者の関係の安定化を図るようになる。

フェスティンガーらの認知的不協和の理論は、こうした流れの中で社会心理学に現れたもので、理論の美しさや、様々な実験を生み出すことのできる柔軟な枠組が多くの社会心理学者を魅了した。世界中でこのパラダイムを用いた研究が行われた模様である。ちなみに、フェスティンガーが来日したときには、各地で日本の心理学者が認知的不協和に関する研究を披露したため、いい加減あきれられたという逸話もあるほどである。

この『予言がはずれるとき』においてフェスティンガーが研究したあるカルト教団では、教祖が空飛ぶ円盤と交信しており、大洪水によってこの世が終わると予言した。ただし、空飛ぶ円盤が現れ、選ばれた信者達のみを救出する（ピックアップする）、と予言したのである。まさに、信じる者は救われる、である。しかし結果的に洪水はおきず、円盤も現れなかった。その結果、信者たちは信仰を捨てた……のではなく、むしろ信仰を強化した。数少ない周辺的な信者以外は、信仰を強化した。中には、洪水や円盤を信じていなかったにもかかわらず、信仰を深める方向に変化した者もいたという。

それは、信者たちの多くがここに至るまでこの宗教に対して大きな関与（コミットメント）をしていたからである。財産をつぎ込んだり、家を出たり、学校をやめたりしているため、後戻りすることができず、自身に都合のよい解釈だけを作りあげていったのである。人は自身が築きあげてきた信念に一致するように、情報を選択し、あるいは都合のよい解釈を行う。つまり、認知的不協和を避けるのである。

近年の日本でも問題になっている、脱カルト的な視点を持つなら、疑問を持ち始めた信者に対して、いかに外界から社会的支援（サポート）を与えるかが重要であり、そうした支援がなければ信者は宗教集団に居続けてしまうのである。

なお、この本の研究は「参与観察」という方法で行われた。つまり、信者集団の許可を得ずにその中に入って観察したのである。本来の目的を告げずに研究を行うことは倫理的問題を引き起こすことになるが、一方で、こうした研究にはやむをえない方法でもある。読者それぞれが考えてほしい問題である。

†社会心理学者の奇妙な人生

フェスティンガーが亡くなった時（一九八九）、その弟子ザイアンスはフェスティンガーのことを「心理学のピカソ」だったと称えた（ちなみにヴィゴーツキー〔13〕は心理学のモーツァルトと言われた）。実験社会心理学は、レヴィンとフェスティンガーがいなければ成り立たなかったのではないかとも言われている。

それほどまでに重要な人物であるフェスティンガーは、一九六四年までに社会心理学への興味・関心を失い知覚心理学へと転身した、ということが言われている。

この転身（転進）の背後に驚くべき事実があるかもしれないということが日本の経済学者宇沢弘文によって披露《ひろう》されている。心理学者としては俄《にわか》に信じがたいことなので、全文引用という形で紹介したい。

スタンフォードにいたとき、家が近い故もあって、レオン・フェスティンガーと家族ぐるみでしょっちゅう行き来していた。フェスティンガーは戦後、「認知的不協和理論」を掲げて彗星《すいせい》のように現れた天才的な社会心理学者であった。

フェスティンガーはまたアメリカ陸軍のチーフサイコロジストとしての役割を果たしていたが、自らの理論が残酷な形で、ヴェトナムで応用されているのを知ったときの彼の苦悩はじつに痛ましいものがあった。

ケネディ大統領が暗殺され、ジョンソン大統領がヴェトナム戦争に全面的に介入しはじめてからしばらくして、フェスティンガーはある日、スタンフォードのキャンパスから姿を消した。魅力的な奥さん、三人の子ども、数多くの友人たち、そしてスタンフォード大学のスタープロフェッサーの地位をすべて捨てて私たちの視界から消えてしまったのである。

ヴェトナム戦争が終わって大分経《た》ってからのこと、日本に帰ってきた私の手もとに一通の手紙がフェスティンガーから届いた。彼は、ニューヨークのニュースクール・フォア・ソーシャルリサーチに一人の学生として入学し文化人類学を専攻した。若い女性と一緒になって新しい人生を歩んでいる。いまはそこで教授をしているという。それから何年か経って、フェスティンガーが亡くなったという報《しら》せを受け取った。彼のカフカ的転身は今でも私の心に重く残っている。(朝日新聞夕刊、二〇一〇年五月七日)

宇沢ほどの学者が「カフカ的転身」と称した人生の転換があったのかなかったのか。日本の心理学者にとっては全く想像もしない人生である。なぜフェスティンガーほどの人が自らの社会心理学の業績を捨てたのか、誰も説明できなかったのだが、宇沢は明快に、認知的不協和理論が米軍に利用されたが故に心理学を離れた、としているのである。

そして私も心理学史の研究者のはしくれとして、いくつかの資料をあたってみたが、宇沢の言うことが正しいという確証は得られなかった。ただし、それをほのめかしている資料は存在する。そもそも、ザイアンスがフェスティンガーのことを「心理学のピカソ」として讃《たた》えたことだってより深い含蓄があったのだろうと思えてくる。

自分で書いていて実感したのだが、ザイアンスの讃辞「フェスティンガーは心理学のピカソ」、という表現は単なる革新者に与えられる称号ではありえない。やはり、ピカソの

「ゲルニカ」にみられる反戦思想とのかかわりも含意してのことだったろうと愚考する。そしてこれを裏づけるのは心理学史家の仕事であり、裏づけがとれるのであれば、フェスティンガーの人生から心理学者が学ぶことはより大きくなるだろう。

それは戦争と学問・科学の関係を考える機縁になるだろうし、それをやることがフェスティンガーと向きあうことになる。さらには学問と社会について考えることにもなる。

Leon Festinger, Henry W. Recken and Stanley Schachter, *When Prophecy fails*, 1956
（邦訳：水野博介訳、勁草書房、一九九五）

24 ミルグラム『服従の心理』（原著刊行年　一九七四）
――誰もが悪になりうる

ミルグラム（一九三三―八四）米の社会心理学者。『服従の心理』はアイヒマン実験を報告し、世界に衝撃を与えた。

†アッシュの集団圧力の実験

第二次世界大戦後の心理学の特徴の一つは社会心理学に求められる。そしてその中心はドイツからの亡命心理学者レヴィン㉑であった。彼はＭＩＴに、グループダイナミクス（集団力学）研究センターをつくりそこを拠点として活躍した。

この他、アッシュの集団圧力と同調性の研究（一九五六）、ミルグラムの服従の研究（一九六三）、ジンバルドーの監獄実験（一九七一）などは一般常識による予想とは異なる意外な結果を導いたこともあって、人間性についてこれまでとは異なる深い洞察をもたらすものとなった。人間があまりにも簡単に集団や命令に屈して、他者に残虐になりうるということが示されたのである。

まずアッシュの研究について語ろう。彼は八人を一組にして、線の長さを判断する課題を与えた。図の左側にある標準刺激を提示した後に、右側の異なる三本の線を提示して標準刺激と同じ長さの線分を選ばせるという実験である。左の棒と同じ長さの棒はA、B、Cのどれだろうか？　Cだと誰もが思うだろう。

ところが、アッシュの実験の参加者はAだということになる。八人のうち七人は実験者の共謀者（サクラ）であり、予め示し合わせて回答を一致させるという事前打ち合わせができている。そして、最初の二回は同じ長さの線分（本来の正答）を一致して選ぶ（図の場合でいえばC）のだが、三回目以降は全員が一致して異なる長さのものを正答だとして選ぶようになる。すると七人の回答の影響を受けて、残りの一人は――自分では違うと思いつつ――他者の一致した回答に合わせるようになっていく。約三分の二がそうした回答を行ったのである。この実験目的は事実の知覚報告に社会的な影響が働くかどうかを見ることであった（同調行動）。

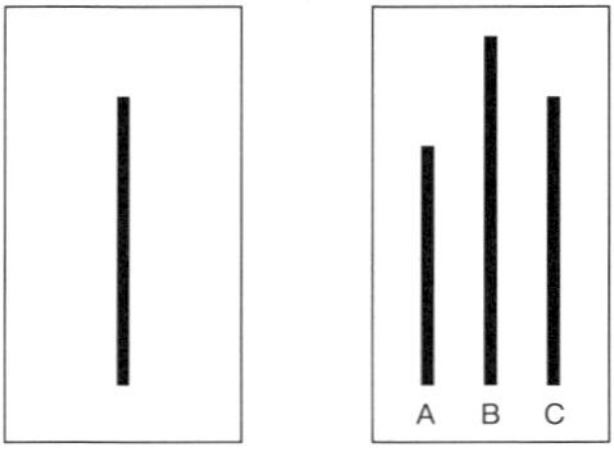

アッシュの実験

ところで、このような目的や実験者の意図を参加者に告げたのでは実験が全く意味をなさないことは明白である。真の目的や意図を告げないことで実験が成り立っているのである。もっとも、このような実験では、被験者が集団圧力にさらされながら課題を行ったすぐ後でインタビューを行い、その中で実験の目的を告げており（デブリーフィング）、アッシュ自身も最後のインタビューを単なる情報聴取としてではなく、実験全体の統合過程として重視していた。

プリンストン大学においてアッシュのもとで研究助手を務めたのがミルグラムであった。ミルグラムはアッシュを師と仰ぎこの実験に影響を受けつつも不満も感じていた。それは、従属変数が線分の長さの選択という社会的現実感（リアリティ）のないものだったからである。そして、彼は疑似的な教育場面を設定することによって、より現実的な場面を作り上げたのである。

†人は致死量の電気ショックを与えるのか?

『服従の心理』の冒頭でミルグラムは、社会構造において服従が基本的要素であると指摘する。社会においては何らかの権威構造が必然であり、そこから命令が発せられた時は服従か反抗かしかあり得ないからである。

そして、明示はしないがナチスにおけるホロコーストに話を移す。こうした政策が実行されるには、大量の服従が必要で、それが大きな役割を果たしたと指摘する。服従は時に反抗よりも美徳であるとされるが、服従することで良心に反したり不道徳な振る舞いを引き起こすことは稀《まれ》ではない。

日本でも、たとえばオウム真理教による集団的犯罪が起きた時、それを考え命じた者のみが責任をもつべきで、服従した者には責任はないのだという議論があった。一方で、権威に服従することで良心に反するのであれば、個人の道徳的判断に従い権威への不服従が貫かれるべきだという考えもある。

これらの対立する議論について、心理学者は実証的な研究をしたくなるとミルグラムは言う。そして簡単な思いつきの研究を始めた。「ある人が心理学研究室にやってきて、何らかの行動を依頼されるが、それがだんだん良心に逆らうようなものになっていく。主要な問題は、その参加者がどこまで実験者の指示に従い続け、どこで要求された行動の実施を断るようになるか、ということだ」というのである。

ミルグラムの服従実験を簡単に述べれば、隣の部屋で勉強している人が間違えたら教師としてふるまい、電気ショックによる罰を与えてほしいと頼まれる、ということである。この実験では異なる強さの電気ショックが用意されていた。三〇ボルトの軽い痛みを感じさせるような電気ショックから、瞬時に感電死を起こさせかねない四五〇ボルトの電気シックまで、三〇段階の電気ショックを与えることができるようになっていたのである。もし、次のような実験に参加してくれと言われたら、あなたはどこまでの強さの電気ショックを与えるだろうか。

「この実験では、間違えた時に罰を受けることで、記憶が促進するかどうかを調べています。隣の部屋で勉強している人が間違えたら電気ショックを与えてください。強さは三〇〜四五〇ボルトまで、三〇段階ありますので、間違えるたびにショックの強さをあげていってください」

このような状況で、あなたが教師役になったとして四五〇ボルト（致死）の電気ショックを流せると思いますか？

おそらくノーであろう。いくら実験であっても、致死量の電気ショックを与えることなどできそうもないというのが普通の精神状態だと考えるだろう。

では実際、どうだったのか？

†悪の凡庸さを実験によって証明する

ミルグラムの実験は様々な条件で行われているが、シンプル（単純）な結果のみを示そう。もし、隣の部屋で勉強している人の声が聞こえないという条件であれば、四〇人の実験参加者のうち二六名（六五パーセント）が致死量の電気ショックを与えた。

では、電気ショックを与えられた人は死んでしまったのだろうか？

実は、隣の部屋で勉強していて間違える人はミルグラムの仲間であった。つまりこの実験はヤラセである。言うまでもないが、電気は実際には流れていない。

こうした実験手法には虚偽《きょぎ》の説明が含まれており、研究倫理という面では大きな問題を引き起こすのだが、かといって、電気は実際に流れませんという説明をしたのではリアリティが無くなってしまう、というのが社会心理学者の主張である。

ここで重要なのは、実際に電気が流れていると信じていた人が、致死量だと認識していたにもかかわらず、実験という枠組みの中で、致死量の電気ショックを与える行為を行った、ということである。

彼は、条件を様々に変えて実験を何度も行った。たとえば、電気ショックを受ける人が見える場合と見えない場合を比較すると、見える条件では電気ショックを与えなくなる人が増えるし、電気ショックを与える場合でも、その強さが弱くなる。

この本全体を通して、多くの実験が紹介されているが、非人間的な命令に対して、道徳的な懸念は表明されるが、命令には服従した、というのがミルグラムの結論である。

この本が刊行されると、ミルグラムの名は知れ渡り、彼の実験は通称「アイヒマン実験」と呼ばれるようになる。この実験が始まる一〇年ほど前、かつてのナチス高官アイヒマンが逮捕され、その裁判を描いたアーレントの著作が出版された。アーレントはアイヒマン、ひいてはドイツの軍人たちが悪人というよりは凡人であったということを描くことで「悪の凡庸《ぼんよう》さ」を主張して非難を浴びていたが、ミルグラムの実験はまさに悪の凡庸さを実証したかのように見えたのである。

実験前に、ミルグラムは様々な専門家と意見を交わしたが、その際には、参加者は弱い電気ショックを与える程度のことしかできないのではないか、という予測がなされていたという。しかし、実際には致死量の電気ショックを与えることを選んだ参加者が多数にのぼった（もし電気ショックが本物であれば、生徒役の人は死んでいたことになる）。権威への服従と良心に基づく反抗が対立する状況で、「心理学の教授」程度の権威への服従が勝ったのである。ただし、この本にも例示されている数多くの事例が示すように、権威への服従と良心に基づく反抗の葛藤（コンフリクト）は並大抵のものではなかった。

†倫理的問いを抱える

ミルグラムによってこうした経験を強いられた人たちがいること自体が問題だという批判もなされた。だが、服従して電気ショックの強度を増していった人たちは、種明かしを聞いた後、自分が権威に服従したことを悔いるというよりは、実生活での教訓を得て、権威に服従してはならないと考えるに至ったというのがミルグラムの主張である。事後に行われたアンケートによれば、参加者の八四パーセントが実験に参加してよかったと答え、後悔しているとしたのは一パーセントだったという。ある参加者は、後にミルグラムに手紙を書き、良心的徴兵拒否の道を選ぶことができたと報告してきたという。

賛否両論がある中で、ミルグラムの服従実験は実験社会心理学の大きな果実の一つであると評価されている。

ただし、この時期以降、実験社会心理学の実験手続においては研究倫理のあり方が強く問われるようになり、ミルグラムが行ったような虚偽の説明が入る劇場型の実験は、その実行が著しく難しくなってきている。

ミルグラムの実験は、人の行動（特に社会的行動）について、内面の本性のようなもの（良心の遵守）が発現するというよりは、その人がおかれている状況に影響される（権威への服従）、ということを意味するから状況論的な立場をとるようになる。これはミシェル(27)と同じ立場であり、第二次世界大戦後の社会心理学の思想的特徴そのものである。

Stanley Milgram, *Obedience to Authority: An Experimental View*, 1974（邦訳：山形浩生訳、河出文庫、二〇一二）

25 チャルディーニ『影響力の武器』（原著刊行年 一九八八）
――ダマされやすい心理学者による提案

チャルディーニ（一九四五―）米の心理学者。『影響力の武器』は承諾誘導の世界に潜入し、「承認」のメカニズムを喝破。

†心理学は役に立つ？

早いもので私が立命館大学で応用社会心理学ゼミを担当してから一〇年以上がたとうとしている。サトゼミ背番号というものを勝手に付与しており、一五〇名ほどのサトゼミ背番号隊が存在している。その元ゼミ生たちに、後輩たちへのレクチャーをお願いすることがある。

ゼミや講義で、立命館大学の卒業生がどのように生きているのかを話してもらうのである。博士になった人、在学中に熱心に勉強したことを社会で活かしている人、卒業後に法科大学院に入って弁護士になった人、あえて留年してから某広告代理店にチャレンジしてテレビCMを作っている人、主婦として日々忙しく暮らしている人。人それぞれの具体的な生き方をその本人が語ることは、聴いている学生にとって、それなりの意味をもつ。

二〇一四年一二月にはH君に来てもらった。本人も自覚しているだろうが、在学中の勉強に対する態度はお世辞にも立派だったとはいえず、就職してからどうなるのだろう？と密《ひそ》かに危ぶんでいた。

しかし、彼は社会人としては結構なやり手だった。「学んだことを活かしていないのは自分自身」「今、意味がないと思ったことでも、社会に出てから役立つことがある」などという、金言・名言を発して、進路に悩む在学生に対して存在感を示したのであった。

その彼が、チャルディーニの本を読んでいるという。『影響力の武器』である。

†勧誘のプロを研究する

チャルディーニは、自らの研究を承諾誘導《しょうだく》だとしている。自分が言っていることに対してイエスと言わせることが承諾誘導である。

彼は勧誘のプロのやり方を研究するために、参与観察という方法をとった。百科事典の売り込みを行う集団、寄付を集める必要がある集団、そのような集団に自らの立場や目的をあかさずに入り込んで、どのようなやり方を用いているのかを体得しながら研究したのである。

その結果、承諾を得るためのテクニックはおよそ以下のような六つの基本原理にまとまるということが明らかにされた。ここで重要なことは、本人が必ずしも買いたくないと思っているようなことに対して承諾を得るためのテクニックだということである。道義的な問題を感じる人もいるだろうが、チャルディーニの前提はそうなのだ、と割り切ってほしい。

承諾を得るための六つの原理とは返報性、一貫性、社会的証明、好意、権威、希少性である。このことについての説明はここではあえて行わない。少ない字数で説明すると、他者を支配するためのテクニック集のようにみえてしまうからである。

†心理学は悪用できるか?

チャルディーニの本に限ったことではないが、心理学者が説得のメカニズムなどを明らかにしたというと、「悪用されたら大変だ」という心配が寄せられる。しかし、そういう心配は方向が全く間違っている。悪用している人は古今東西あらゆる時空に存在しており、常に新しい手法を開発している。「オレオレ詐欺」→「振り込め詐欺」の手口などはその典型で、彼らは時代にあった独自のイノベーションを展開しており、(過去の蓄積でしかない）心理学者を含む学者の本から学ぶことは決して多くないであろう。また、この本の中にはクリスマス商戦におけるオモチャの品薄がどのように仕組まれてどのようにオモチャ会社の利益向上に役立っているか、ということも紹介されているが、これも心理学の成果の応用ではないはずだ。オモチャの品薄という現実は仕組まれているかもしれないのであり、その仕組みを解明することは社会心理学の役割の一つである。心理学の本を読まなければこうしたことが分からない人は読んでも実践できないはずである。それよりも心理学者による研究成果を、現実に悪用している人の毒牙にかかっている人の救済に使うべきなのである。

チャルディーニの本は、善意は伝わる、正義は勝つと思っている人こそが読むべきものなのである。なぜなら新しい考えは伝わらないし、正しい考えは伝わらない、からである。これはフェスティンガー(23)の認知的不協和理論が教えるところである。人は、どちらかというと、それまでの自分の考えに近いものしか受け取らないのである。しかも、第四章のカーネマン(30)のファスト思考（速考）が教えるように、普段は深く考えずに、それまで自分が親しんできた考え通りに結論を出すのである。さらにはジェームズ（1）が言うように、余計なエネルギーを使わないように習慣というメカニズムを維持しているのである。

これまでにない製品やサービスを普及させることで、広い意味での人類の福利と厚生に寄与したいという革新的思考をもつ人は、自分の意見や考えを人に伝えるための努力を惜しむ。あるいは、人を操作するというような悪いイメージをもっているために伝える技術を学ばない。良いモノは黙っていても売れる（普及する）と思っているため、それが叶わないと、グチを言うか言わずに落ち込むか、という結果になりがちである。

この本の基本的アイディア（返報性、一貫性、社会的証明、好意、権威、希少性）の多くは、表面的な承諾を得ることを目的にしているわけではない（例外は希少性提示のテクニック）。カーネマン流に言えばスロー思考（熟考）によって、自分の価値観とは異なる話にも耳を傾け、それまでの習慣と違うことであっても受け入れてもらえることを目指すものである。さらにこうした自己の思考の変化については、ヴァルシナー(29)による自己の三層モデルが説明をしてくれるだろう。

†どれだけ真剣に読めるか

『影響力の武器』に書かれている知識を悪いことに使おうという人の方が一生懸命読むということは否定できないかもしれない。そういう意味で、多くの人がこの本を読むことで、説得というプロセスにも一定の法則があるということを理解して、自身の目標に生かしてほしいものである。大事なのは本書をどれだけ真剣に読めるか、である。

そもそも、チャルディーニはダマされやすい人だという。たとえば、人が一貫性を保とうとするが故にセールストークに乗ってしまう、ということについての例には、自分の例が挙げられている。自分がダマされやすいからこそ、広告主やセールスマン、募金集めを行う組織などに潜り込んで、イエスと言わせる「承諾誘導」のテクニックを研究したのだという。一種のフィールドワークを行ったのである。だからこそ、現場感覚に基づくリアルな研究が行えたのである。この『心理学の名著30』の読者諸賢におかれては、くれぐれも表面的な理解をしないようにお願いしたい。

Robert Cialdini, *Influence; Science and Practice*, 1988

（邦訳［第三版］：社会行動研究会訳、誠信書房、二〇一四）

26 ラザルス『ストレスと情動の心理学』（原著刊行年 一九九九）

――単純な因果関係を乗り越える

ラザルス（一九二二―二〇〇二）米の心理学者。『ストレスと情動の心理学』はストレスと情動、対処に関する研究の見解をまとめた決定版。

†生理学からはじまる

日本にストレスという語を普及させた功績者の一人は歌手森高千里ではないだろうか。

ストレスが日本をダメにする
たまるストレスがたまる

（『ザ・ストレス』作詞：森高千里、作曲・編曲：斉藤英夫）

JASRAC 出 1510287-501

という歌詞が流れていた頃（一九八九）、日本ではストレスなる語はまだ市民権を得た語ではなかった。この歌詞は彼女自身が入院した体験に基づいて自身で書いた歌詞であり、それをその当時ほとんど市民権を得ていなかった「ストレス」という語で表現したところに彼女の非凡さが窺《うかが》える。ついでながら『渡良瀬橋』という歌の歌詞を作ったことからも彼女の非凡さがよくわかるが、それについては本題ではないので割愛する。

そもそもストレスは機械工学の専門用語であり、「外力が物体に加わった場合の歪み・不均衡」を意味していた。ここで外力はストレッサーであり、その結果生じるのがストレスである。この概念をカナダの生理学者セリエが生理学に導入した。

セリエはラットを対象として個体を脅かすような有害な状況を作りだす実験を行った。寒さに晒す、外傷を与える、過度の運動、様々な薬物による中毒状態など、様々な有害状況にそれぞれのラットを晒したのである。彼は、それぞれの有害要因に対して特異的な症状群だけではなく、どの有害要因に対しても引き起こされる共通の症状群（シンドローム）が生じることを見いだした。1副腎皮質の肥大、2胸腺・全身のリンパ節の萎縮、3胃・十二指腸の出血や潰瘍、という三つの症状からなる症状群で、彼はこれを全身適応症状群（General Adaptation Syndrome）と名づけた。

有害状況がどのようなものであっても、それに対する個体の反応が共通性を持っているということは、異なる有害状況の反応には共通性があることも示唆する。

†各方面から研究されるストレス

セリエは一九五五年にアメリカ心理学会において講演を行い、これをきっかけに心理学領域でストレス研究が興隆した。セリエが提唱した全身適応症状群の症状の中には、不安や恐怖などの症状も含まれており、心理学者たちの興味をひいたのである。不安は『自由からの逃走』(19)においてもキーワードであり、前近代的な束縛から逃れた自由は消極的自由にすぎないのでかえって不安が増しファシズム運動へと身を投じる人がいるという議論であった。もちろん、フロムの不安とセリエの不安とでは違いがあるだろうが、不安を手がかりにすることで心理学者の研究活動の場は広がるのである。

心理学の立場からストレスに関心をよせたのがラザルスである。彼はストレス概念を「個人の資源を越え、心身の健康を脅かすものとして評価された人間と環境とのある特定な関係」と定義した(一九六六)。つまり彼はストレスを関係性概念として捉えようと提案したのである。

これは、狭い因果関係とは別の考え方である。ある出来事が起きれば、必ず特定の結果が起きる、というのが物理学的な狭い因果関係であるが、ストレスはそのようなものでは

配偶者の死亡	100
離婚	73
親密な家族の死亡	63
自分のケガや病気	53
結婚	50
退職	45
親友の死亡	37
子供が家を離れる	29
親戚とのトラブル	29
就学・卒業・退学	26
上司とのトラブル	23
引越し	20
転校	20
クリスマス	12

表　社会的再適応評価尺度
出典）Holmes & Rahe、1967

ない。このような考え方は極めて心理学（者）的であり、そこでラザルスが重視したのが「評価」という概念であった。評価については後に扱うが、個々人の主観にも関係する個別性の高いものであり、ストレスなるものを客観的に捉えようとする考え方とは対立した。

たとえば、社会学的研究では、ストレスの影響を一般化して捉えようとするホルムズとレイ（一九六七）が、ストレスを「日常生活上の様々な変化に再適応するために必要な努力」として捉えた。何か出来事が起きることで生活に変化が生じ、それに再適応するためのエネルギーや時間が必要となる。そうしたプロセスをストレスだとしたのである。彼らは、どのような生活出来事（ライフイベンツ）が、どのような再適応の努力を必要とするのか、について関心をもち、標準的な尺度を構成した。それが社会的再適応評価尺度である。これは「配偶者の死」を数値一〇〇とし、結婚を五〇として、どの程度、生活の再構築（彼らの言葉では再適応）に影響があるか、を検討したものである。

このような尺度は、個々人と出来事の関係性というよりは、ある出来事の影響を平均的に捉えたものである。親が死んでほっと安堵する人もいるはずだが、そういうことは考慮されない。

生理学のセリエ、心理学のラザルス、そして社会学のホルムズとレイ、これらの人たちの違いはどこにあるのか？　大雑把に説明すると、ストレスを引き起こす社会的要因に注目するのが社会学のホルムズたち、ストレスの結果としておきる生体反応に注目するのが生理学のセリエ、そしてその間の過程（特に意味づけのプロセス）に注目するのが心理学のラザルス、と切り分けることができる。

また、ラザルスのストレス心理学は、ソーシャルサポート（社会的支援）や対処行動にも注目するという特徴がある。さらに、第四部においては「ナラティブな観点（語りの観点）」が取り入れられており、革新的新研究法として情動ナラティブが取り上げられている。

†ストレスとトラウマ

ストレスの問題は、戦争や事故の後遺症の問題として、臨床心理学分野では早くから取り扱われてきており、現在ではPTSD（Posttraumatic Stress Disorder）として日本語としてもよく知られる用語になってきた。日本では阪神淡路大震災の後、PTSDという語が広く受け入れられるようになった。

さて学問の世界でPTSDが注目を集めたのは、『アメリカ精神医学会の診断と統計の手引き第三版（DSM-3）』において外傷後ストレス障害が診断名として取り入れられてからであろう。その改訂版であるDSM-3Rでは急性PTSDは診断名から外れたが、DSM-4では急性ストレス障害として復活した。

DSM-3およびDSM-3Rにおいては、PTSDを誘発するのは「通常の人間の体験を越えたもの」であるとされたが、DSM-4においてはこのような限定は削除された。それは二つの理由からである。まず、皮肉なことだがレイプや虐待が決して特異な現象ではなく、ついでながら戦闘状態も、ありふれた現象となったためである。次に、低いレベルのストレスであっても長期間受け続けるとそれがPTSDを誘発するということがわかったからである。こうした基準の変更は、被害者には福音であったが、精神障害の診断を増やすだけだという批判も根強く存在することを忘れてはならない。

なお、PTSDの定義はDSMの版が変わるごとに変更されるが、主要症状は再体験（想起）、回避、過覚醒の三つであるとされる。さらについでに言えばDSM-5では就学前児童のPTSDが新設されている。

ラザルスはこの本の第六章を「ストレスとトラウマ」にあてている。それによればトラウマ（心的外傷）とは、個人的意味を徹底的に破壊するものである。戦争、地震など破壊力が大きな出来事は確かにある。そして、大がかりな出来事であれば、それをトラウマとして経験する人も多いという相関関係はある。だが、出来事の量的な大小はトラウマそのものではない。質的で実存的な問題なのである。

どのような人のどのような人生であっても、破壊的出来事は存在する。しかし出来事そのものはストレスではない。それを経験した人の意味の領域と無関係ではありえない、というのがラザルスのストレス理論なのである。

†物語（ナラティブ）アプローチによるストレス理解

ラザルスの心理学的ストレス理論は、ストレスの外的要因たる出来事の認知的評価に着目し、自らの対処や他者からの支援についても考慮に入れたストレス理論である。彼はカリフォルニア大学バークレー校に着任後、バークレー・ストレス・コーピング・プロジェクトを開始した。

このプロジェクトでは、見るに堪えない映像を見せるのだが、そのシーンに対して様々な意味づけを与えることによって、人々がどのようなストレスを感じるかを検討したのである。たとえば、割礼と呼ばれる儀礼が存在する地域がある。その儀礼の無い人がそのシーンを見たら言葉を失うだろう。しかし、その同じ映像について医学的目的で作られたものだという意味づけがなされたなら、そこから受けるストレスは多少緩和されるだろう。

ラザルスは、ストレスの認知的評価（appraisal）を重視する理論を作りあげたが、当初は「知覚（perception）」を用いていた。出来事や状況の「知覚」がストレスという情動反応を引き起こす、というような言い方である。知覚という語はあたかも外界をそのまま把握することができるような用語であるが、この語を使っている限り、個人的意味づけの違い（多様性と豊かさ）に近づくことはできない。

この時、ラザルスはブルーナー(17)のニュールック心理学の影響を受け「知覚」という語を捨てた。つまり、知覚には社会的、個人的要因が影響を及ぼすという考え方をストレス理論に取り入れ、出来事の「知覚」ではなく「評価」が大事であるとする理論を作りあげたのである。

ラザルスはストレスについて、出来事、（認知的）評価、対処、情動というプロセスを考えた（既に述べたように評価は個人的意味づけのことであり、狭い意味での善悪の評価ではない）。何か一つの原因がある結果をもたらすという単純な因果関係は心理学にはそぐわない。ラザルスもこの本の中で心理学の根底にある認識論が時代遅れだとしている。そもそも心理学の研究は独立変数と従属変数の関係を抽出するため、プロセス全体などを扱うことは不可能なのである。

そして、それを乗り越えるアプローチとして物語（ナラティブ）パースペクティブを取り入れることを提案する。ストレスを情動として捉えれば、私たちの生活における様々な出来事とその影響はすべて関係的なものであり、こうした現象を捉えられるのはナラティブ・アプローチなのである、とラザルスは主張している。

Richard S.Lazarus, *Stress and Emotion: A New Synthesis*, 1999

（邦訳：本明寛監訳、小川浩・野口京子・八尋華那雄訳、実務教育出版、二〇〇四）

27 ミシェル『マシュマロ・テスト』（原著刊行年　二〇一四）
――性格は個人の中にはない

ミシェル（一九三〇―）米の心理学者。『マシュマロ・テスト』はこのテストと追跡調査の結果を描いた一般書。

†性格及び性格を知るということ

日本で最も有名な性格に関する理論は「血液型と性格」である。学問的には血液型性格関連説と呼ばれることが多いので、ここでもそう呼ぶが、この説はいつどこで始まったのだろうか？　こういうことを考えるときには、分けて考えることが必要だ。A（血液型）とB（性格）のどちらかが無いときにはその二つの関係を考えることは不可能だからである。

血液型というのはまさに一九世紀的な科学技術の到達点の一つである。オーストリアの医師ランドシュタイナーが、一九〇一年、ABO式血液型を発見した。これによって輸血がかなりうまくいくようになり、その恩恵は多くの人が受けている（この発見によってランドシュタイナーは一九三〇年にノーベル賞を授与された）。ユーロ移行前のオーストリアにおいて、五〇シリング紙幣（五〇〇円弱）の顔がフロイト(11)だったのに対し、ランドシュタイナーは一〇〇〇シリング紙幣の顔だった。ちなみに五〇〇〇シリング紙幣の顔はモーツァルトだった。

なお、性格というのは血液型よりずっと前からあったものだと思われるかもしれないが、実は、これも難問であり、血液型より性格の方が古いとは必ずしも言いきれない。もちろん、性格に関する古い概念は他の多くの概念同様、ギリシャ時代に遡るが、私たち一般大衆にとって性格という概念が必要とされたのは二〇世紀の四半世紀が過ぎた頃である。

身分制度が崩壊して、誰もが何にでもなれる時代にこそ、個性という概念が重視されるようになる。たとえば、日本の江戸時代には士農工商という身分制度があり、身分を移ることは厳しく制限されていた。また、学問の内容についても、儒学などの思想はもとより医学・医療の領域であっても他の家系に生まれたものが行うのには制約があった。こんな時代に性格だの知能だのを知ろうとする理由はない。

血液型性格関連説とユング(12)の類型論は実に多くの類似点がある。その一つは個性をいくつかのタイプで捉えることであり、もう一つが一九二〇年代に現れたということである。日本で言うと大正末期から昭和初期であり、この時代にこそ、職業移動が簡単になり、だからこそ個性を知る理論が必要となったのである。

そして、性格心理学においては、一九二〇年代の類型論の後、類型論に対する対抗理論として一九四〇年代頃から特性論が現れた。これは人間を特徴（特性）の束の強さ弱さで理解しよう、測定しよう、という考え方である。内向性と外向性を一次元の量的なものとして捉え、内向的な人、外向的な人、というように分類するのではなく、内向的な人から中程度の人、そして外向的な人、というように特性の強さで性格を判断するのが特性論である。

†性格理論が訴えることをひっくり返す

類型論にせよ特性論にせよ性格理論には、人間の内部に「性格なるもの」があって、それが原因となって、人々が一定の傾向の振る舞いを行うというロジックがある。また、個人間の性格の差異は比較的安定していると考える。そして、どのような場所であっても、どのような状況であっても、乱暴者は乱暴だ、なぜなら攻撃性という特性が強い（高い）からである、という説明を行う。

そうした性格理論に対してミシェルは、まず、行動の原因を内部に求めるのは止めようと提案する。ただし、個人差はあるので、それを説明するために、状況に対する鋭敏性や意味付けの違いが人々の行動に影響するのではないか、と主張した。

いつでもどこでも攻撃的な人などは存在しない。特定の状況においてのみ、攻撃的になる、ということがあるのではないか、というのがミシェルの主張である。一九八〇年代に行った子どもたちの合宿生活の観察研究において、ミシェルはアンソニーとジミーという二人の男の子が、それぞれ状況特異的に攻撃的になりやすいということを発見した。いわばホットスポットのように、攻撃性を引き出す状況が、それぞれの子にあるというのである。それは、アンソニーにとっては、他の子が近づいて来た時、ジミーにとってはオトナが何か警告を発した時、であった。逆に言えば、アンソニーに対してオトナが何か言ったとしても、彼は攻撃的になったりしない。

ミシェルは、常に怒りまくったり攻撃的な人間はおらず、ある状況のある出来事に対してはセンシティブで烈火のごとく怒るが、他のことには無頓着《むとんちゃく》、というような人ならいる、と言いたかったのである。それは性格という原因があるからではなく、個々人に怒りのトリガー（引き金）的状況があるからなのである。

ではなぜ私たちは、ある人の性格を「怒りっぽい」とか「内気」だと判断するのだろうか。それは、相手にとって、他ならぬ自分がいるということが、状況の特異性を特徴づけているからである。これは難しい考え方であるが極めて重要である。

子どもが父親のことを「いつも家の中でごろごろしていてママに怒られてばかりいる」と認識するのはよくあることだ。子どもは職場の父親を見ていない。自分がいる状況（家でママと一緒）における父親しか見ていないのである。しかし、そうした状況限定がかかっていることを意識することは極めて難しい。これは子どもだけが犯す過ちではない。

冷静に考えれば、自分と関係する誰かの行動は、「私がいるという状況」しか知ることができないのだ。つまり、常に私がいる状況での行動でしかないのである。ついでながら、自分の行動の原因は「状況による」と言い訳しがちなのに、他者の行動は「自分でやりたいからやっている」とか「あの人はああいう性格だから」と解釈しがちだという認知的バイアス（歪み）もある。たとえば大学の学部選び。自分がある学部を選んだのには様々な経緯があると知っているが、他人の選択は「〇〇が好きだから」と解釈してしまうのである。これは「帰属の錯誤」として知られる現象である。そして、このことは心理学者も同様であり、心理学の性格理論の論理構成自体が間違っている！　とミシェルは言ったのである。

ミシェルの説は、反内在論、社会的行動論、状況論などと呼ばれている。一九六八年に発表した『パーソナリティの理論』（邦題）において、彼の説は学界で広く知られるようになった。状況論というのは人間や動物の行動の原因を人間の内部に求めない考え方の総称であり、行動主義者スキナー（3）とも一致する。心理学なのに心的概念を用いないというのは矛盾《むじゅん》に見えるかもしれないが、心理学者だからこそ人間や動物の行動について注意深く観察し、それが状況要因でも十分説明できると考えることができたのである。

マシュマロ・テストとは何か

心理学に限ったことではないが、乳幼児は欲求に正直で、我慢などできない存在だと考えられていた。それがオトナになるにつれて欲求や衝動を制御（コントロール）できるようになると考えられていたのである。だから、自分の欲求を通そうとするオトナは「ガキっぽい……」などと言って非難されることになる。はたして、こうした子ども観は正しいのだろうか？　ミシェルには三人の娘がおり、彼がその発達の様子を見ていると、それほど単純な存在ではなく、時に欲求を先延ばしにすること（満足遅延《ちえん》）ができるということが分かってきた。

一九六〇年代にミシェルは満足遅延に関する本格的な研究を始めた。満足遅延の研究は、俗にマシュマロ・テスト（実験）と呼ばれている。四歳の子の前にオトナが現れマシュマロを一つ置く。そして「今からここを出るけれど、もし一五分後に帰ってくるまでに食べてなかったら、もう一つマシュマロをあげるよ」と言って出て行く。そのマシュマロを食べずに待つか、食べてしまうか、を観察するのである。

すぐに食べてしまう子どもは少なかった。つまり、オトナがいなくなった時点では、子どもたちは、我慢してもう一つマシュマロを手に入れようとしているのである。しかし、実際に一五分待つことができた子どもは三分の一から四分の一だった。食べたいのに食べないというのは自己制御のメカニズムである。マシュマロ実験の観察結果によれば、マシュマロを触ったり匂いをかいだりしながら我慢していた子は、結局のところ食べてしまったという。それに対して、マシュマロから目をそらすなどして我慢していた子は、最後まで我慢できたという。

このような研究からミシェルは、攻撃や衝動を抑える（我慢できる）ことを心理的な自己制御メカニズムとして考えた。そして、この自己制御は認知的スキルであり、後天的に学習可能だと考えている。たとえて言えば自転車の運転のようなもので、ちゃんと訓練すれば誰でも普通にやれるのである。

性格は遺伝するので変わらないというイメージから、自己制御のうまさの違いが性格の現れに影響するため、しつけや訓練で性格を変えることが可能だと、イメージを変えたのである。したがって、ミシェルの唱えた原理は、差別や格差を縮小させる基盤となる。

†ホットシステムとクールシステム

どちらかというと玄人《くろうと》受けする学者であり、社会的には無名だったミシェルに、突然スポットライトがあたった。二〇〇六年、『ニューヨークタイムズ』の社説でマシュマロ・テストが取り上げられたのである。その後、徐々に有名になったマシュマロ・テストはテレビ番組『セサミストリート』にも取り入れられ、目先の欲望と戦うことの重要性を教えることになる。さらに重要なことだが、認知的スキルとしての「衝動そらし」の方法を教えることになった。

ミシェルは、人間には、目の前にあるものを積極果断に取っていこうとするホットシステムとそれを抑制するクールシステムがあると考えた。最近の脳科学（社会神経科学）の成果によれば、クールシステムを働かせることがうまい人は、前頭前皮質領域の活動が活発であった。この領域は、進化的に後から発達した脳の領域である。一方、目の前にあるものを積極的に取っていこうとする人は、大脳辺縁系の活動が活発であった。この領域は進化的に古い領域でヒト以外の動物とも共有するものである。ありきたりな説明だが、衝動を我慢できず、欲求を先延ばしにできないのは、他の多くの動物の行動とレベルが一緒だということになる。

脳が関係しているなら、それは、変わりにくいのだろうか。絶望するしかないのだろうか？　もちろんミシェルはそのような考えに与《くみ》しない。

ミシェルが初期（一九六〇年代）に行った研究は、カリブ海のトリニダード島で行われた。そこにはアフリカ系住民とアジア系住民がおり、そこでマシュマロ・テストのようなことを行うと、前者の子どもたちは満足遅延ができず、アジア系は可能であった。この違いを、民族性や人種の違いで説明していいのだろうか？　ミシェルはそのような単純思考はせず、それぞれの家族構成に着目した。するとアフリカ系では父親不在家族が多く、アジア系では父親も含めたアジア的家族が健在であった。責任があり信頼できるオトナが常にそばにいるアジア系の子どもたちは、待てば良いことが起きるということを実感できていた、というのがミシェルの見立てであり、実際、アフリカ系で父親と暮らす子どもたちの結果だけをみるとアジア系と変わらないことが分かったのである。

ミシェルの研究は、この子どもたちの成長後の追跡調査もしている。マシュマロ・テストで我慢できた子どもはそうでない子どもよりSAT（大学進学適性検査）の点数が高かったという結果であることが分かった。この実験によって、将来、成功するかしないかが分かる、というような扇動《せんどう》的な言い方をする人もいるがそうではない。ミシェルの考え方の基本は人は変わっていくことができるというものなのである。どのような訓練をすれば、クールシステムを作動させることができるのか、それを学ぶことが重要だと考えている。
ちなみに、ミシェル本人はといえば、食事になればすぐに全部食べてしまうような人物だったそうだが、認知的スキルの訓練により、今ではそういうことはなくなったそうである。

Walter Mischel, *The Marshmallow Test: Mastering Self-Control*, 2014
（邦訳：柴田裕之訳、早川書房、二〇一五）

第四章

心理学の展開

28 ロフタス『目撃者の証言』（原著刊行年 一九七九）
――記憶はどこまで信用できるか

ロフタス（一九四四―）米の認知心理学者。『目撃者の証言』はその信憑性を取り上げ、人間の知覚と記憶についての鋭い洞察を与える。

†目撃者の証言はどれくらい使えるか

たとえば、強盗事件がおきたとする。若い女性のハンドバッグをひったくって男が逃げた、という想定にしよう。被害者は警察に、犯人の顔立ちについて話をして、モンタージュ写真なり似顔絵なりができあがる。

事件の捜査にあたる刑事が「こんな男を見ませんでしたか？」と写真を見せながら聞き込みに精を出す。何人もの人に「知らないねぇ」などと言われたあと、やっと「この男なら、数日前に来ていたよ」という証言を得ることができた。捜査員は色めき立つ。それがキッカケでこの男は警察に呼ばれて（任意同行）、事情を聴取されることになる。

一昔前の刑事ドラマでよく見られたシーンである。

その後、どうなるのかと言えば、その事情聴取の様子をワンウェイミラーから眺める人物（たいてい被害者）がいて、「あの人だと思います」という証言をする。そして、この男は犯行を自白し、反省の弁を述べる。警察署内は事件解決を喜ぶ刑事の顔であふれる。ところが、このような牧歌的な風景は、もはや日本の刑事たちには訪れないかもしれないのである。

大阪高裁判事を経て同志社大学法科大学院教授となった故杉田宗久氏が大阪地方裁判所時代に出した判決（大阪地判平一六・四・九判例タイムズ一一五三・二九六）を見てみよう。

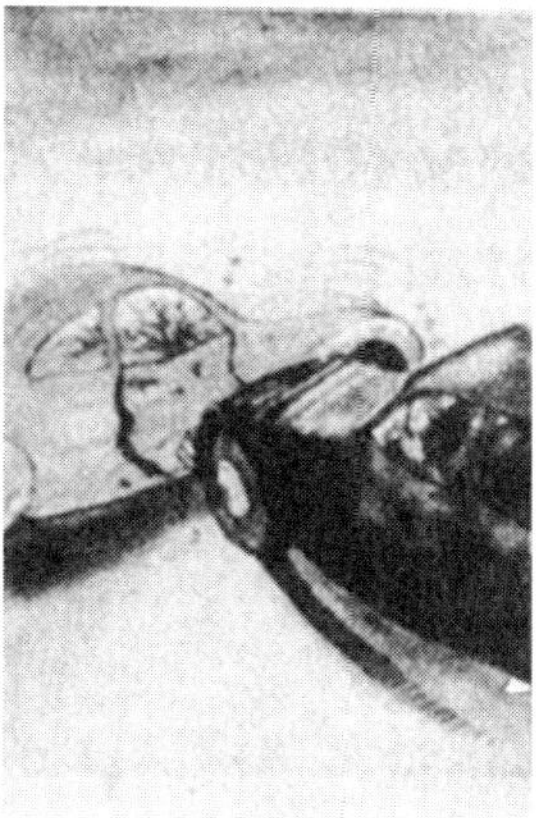

いまは軽く見るだけにしてください

今後、大阪府警が、先に述べた最高裁判例を初めとする近時の裁判例の動向や認知科学上の研究成果に学び、一刻も早く本件のような旧態依然たる捜査方法を改められることを切に要望する次第である。

ここで「旧態依然」だとして糾弾《きゅうだん》されているのは、写真を一枚見せて捜査をする方法、いわゆる「一枚面割り」「一枚面通し」と呼ばれる手法なのであった。

記憶はいつも不安定

『目撃者の証言』というタイトルは、心理学的には大変興味深い。何より、記憶という語が使われていない。見たことを話す、という意味でしかないのだから。しかし私たちは、過去に見たことを将来において喋る場合、人間の中に何らかの情報が蓄えられていると考えている。これこそが記憶の働きだ、と。

そして多くの場合、記憶は変わらない、と思われている。あたかも、ＶＴＲや写真のようにデジタルで保存され、それをそのまま再生することができる、と考えられがちである。しかし、記憶はそうしたものではなく、色々な要因によって変容してしまう、というのが現代心理学の考え方である。

前頁に二台の車の絵があったことを覚えているだろうか。

ここで、簡単な心理学実験を作ってみよう。

生まれ月が奇数（一、三、五……）の人と生まれ月が偶数（二、四、六……）の人に分けます。

誕生月が奇数の人は次の行の文章を読みましょう。偶数の人は読み飛ばしましょう。

誕生月が奇数の人が読む／誕生月が奇数の人が読む／誕生月が奇数の人が読む／誕生月が奇数の人が読む

「自動車同士が激突したときに、車は大体どれくらいの速さで走っていましたか？」

次頁の二つ目の問いに進んでください。

誕生月が偶数の人は次の文章を読みましょう。奇数の人は読んではダメですよ。

誕生月が偶数の人が読む／誕生月が偶数の人が読む／誕生月が偶数の人が読む／誕生月が偶数の人が読む

「自動車同士がぶつかったときに、車は大体どれくらいの速さで走っていましたか？」

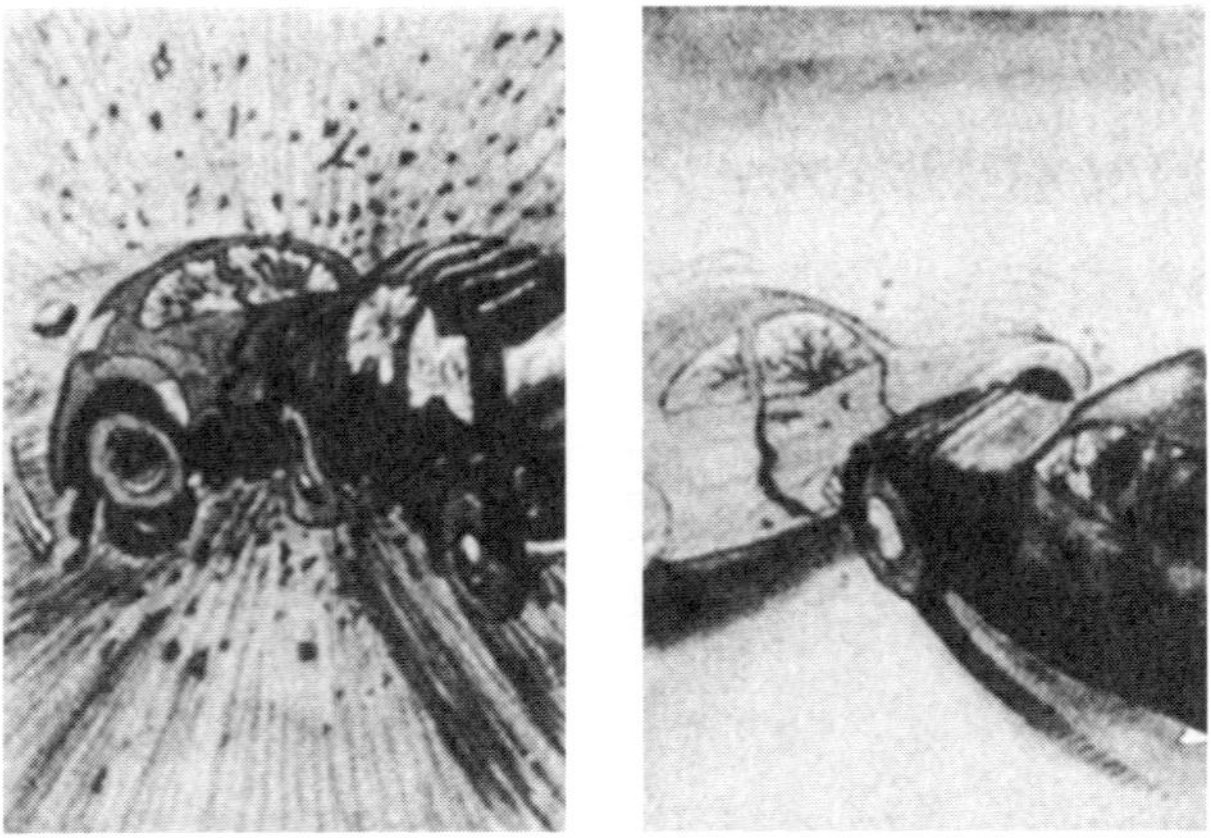

冒頭で見た絵はどちらか？
出典）ロフタス『目撃者の証言』誠信書房

では、あなたが冒頭で見た二台の車の絵は上のうちどちらだろうか？
この二台のスピードはどれくらいだったと、あなたは思うだろうか？

時速　二〇km
時速　四〇km
時速　六〇km

二つの文章は以下のような違いがあった。
自動車同士が「激突した」とき／自動車同士が「ぶつかった」とき
「激突した」ときという文章を読んだ人は、左の図を選びやすく「ぶつかった」ときという文章を読んだ人は右の図を選びやすい、ということが実験の結果から分かっている。

車の推定スピードについては、「激突した」ときという文章を読んだ人の方が速い速度を選んだ人が多いことも分かっている。

同じ絵を見たのにどうしてこうした違いが起きるのだろうか。

それは質問文に、記憶を書き換えるような内容が含まれているからである。「ぶつかった」という言葉の語感と「激突した」という言葉の語感が異なるのである。激突はスピード感のある言葉である。激突と聞かれたからには、それなりのスピードだったんだな、という感じで記憶が書き換えられ、答えが誘導されてしまうのである。そして、ロフタスは、こうした「後からされた質問が最初の目撃に影響を与えること」を事後情報効果と名づけた。

記憶を構造として捉えるのではなくプロセスとして捉えるのが心理学の記憶の考え方である。このことについてはルリヤの項（2）で説明した。

ロフタスが主張したのは、目撃証言の正確性には、実際に見たかどうかも重要だが、後で何を聞かれたか、ということの方が重要かもしれない、ということである。したがって、記憶は書き換えられるかもしれないのである。

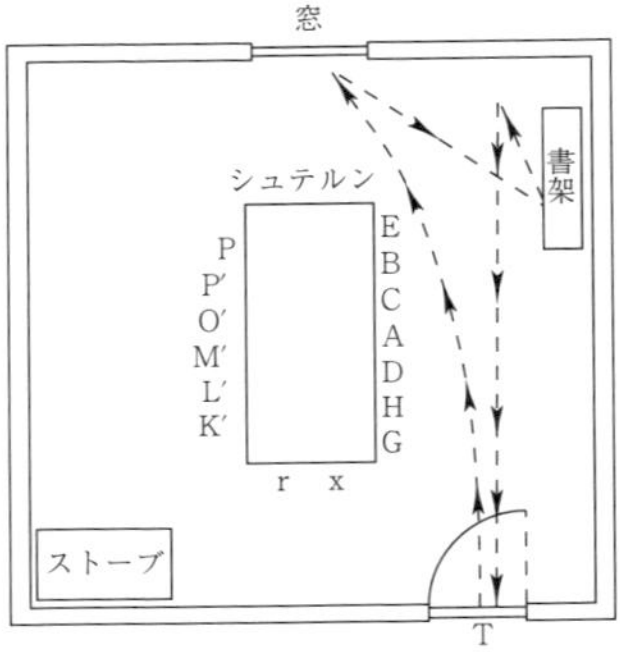

シュテルンの実験に用いた部屋図
出典）ナイサー『観察された記憶（上）』誠信書房

†心理学の応用は法の現場からはじまった

さて、社会の問題に応用することを目的とする心理学のことを応用心理学と呼ぶが、その応用心理学は法心理学から始まったとされている。

一九世紀の中頃以降に近代心理学が成立すると、それを法の現場の問題に適用してほしいという要求が現れたのである。ドイツの心理学者シュテルンがこの問題に取り組んだ。彼は法学者のリスト教授と共に、大学の演習時間を利用して上演実験という形で、証言の確かさについて検討したのである。授業中に、見知らぬ男（T）が入ってきて教員（シュテルン）に封筒を渡し、五分ほど書架で調べ物をして出て行くという小さな出来事を仕組んだのである（右図）。

そして、出席していた学生は八日後の授業で、この出来事の報告をするよう求められた。その結果、自由再生（自主的報告）の四分の一、再認項目（質問への回答）の約半数が誤答であるとされたのである。

もし、これが実際の事件であれば、目撃証言はあまり正しくないということになる。またシュテルンは、特に人物描写については、その人物について注意をむけて観察したのでなければ、ほとんど信用してはいけないと結論した。

なお、シュテルンは『証言心理学雑誌』という学術誌を創刊したが、これは心理学史上最初の応用領域の心理学雑誌であると認められている。シュテルンの他に法心理学の問題に関心を持ったのは、ビネ（子どもの証言がいかに暗示を受けるか）、ユング（言語連想法を用いた虚偽検出の開発）などがいる。また、ヴェルトハイマーは、ユングの言語連想法に対して自分の方がアイディアが先だという異議申し立てを行っていたりする。『心理学の名著30』の中にもこれだけの関係者がいるくらい、法と心理学の関係は広いのである。

†記憶による証言をどこまであてにするか

ロフタスは、保育士が子どもに性的虐待を行ったと訴えられたものの最終的に無罪決着をみたマクマーティン保育園裁判にも「子どもたちの証言は体験に基づいていないか、もしくは書き換えられた記憶である」という立場から関与するなど、記憶の書き換えという立場をより明確にして裁判と関わっている。そのため、「本当に存在したが脆弱《ぜいじゃく》な証拠しかない事件」「本人の記憶しか証拠が存在しえない事件」を告発しようとする立場の人たちとは折り合いが悪い。

一九九〇年代のアメリカで、記憶戦争（メモリー・ウォー：Memory War）と呼ばれる争いがあった。成人女性が、過去に肉親から性的虐待を受けたということを「思い出し」、告発が相次ぎ裁判で争いが頻発《ひんぱつ》したことを指している。バスとデイビスによる『生きる勇気と癒す力』という本によって、女性が鬱《うつ》となる原因には過去に性的虐待を受けたことがあるという主張が広く受け入れられた結果、こうした考えに基づいて告発が相次いで多くの裁判が起きたのである。もし本当であれば許されないが、記憶違いで告発したとしたら告発された側はたまらない。

『心的外傷と回復』の著者ジュディス・ハーマンは原告側の立場に立って活動した。つまり記憶しか証拠がないとしてもそうした事実があったものとして支援したのである。一方、ロフタスは（それまでと同じように）訴えられた側に立ち記憶が過誤または虚偽であるという立場から活動を行った。訴えられた人たちが作った偽記憶症状群財団（False memory syndrome Foundation）にも関与したことから——加害者をかばうものだとして——、かなり厳しい批判を受けることにもなった。

「疑わしきは被告人の利益に」は、刑事裁判の大原則である。記憶のみに基づく告発（及び刑事裁判）は、記憶が様々な変容がおきることを前提にするならば、刑事罰を与えるのには慎重であるべきだということになる。そもそも、訴えられた人の立場に立つことは、加害者の立場に立つこととは異なる。訴えられた＝加害者ではない可能性があるからだ。この意味において、記憶に関する心理学者はロフタスのような立場をとるしかないように思える。

もちろん、被害が存在したことについては真摯な態度で臨むべきだということは言うまでもない。鬱状態が過去の性的虐待に起因することがあるとするなら、その人たちの支援は極めて重要である。ただしそれは、刑事裁判ではないシステムによって追求すべきであり、心理学者のなすべきことは少なくないはずである。

Elizabeth F. Loftus, *Eyewitness Testimony*, 1979

（邦訳：西本武彦訳、誠信書房、一九八七）

29　ヴァルシナー『新しい文化心理学の構築』（原著刊行年　二〇〇七）
――普遍と個別を架橋する概念としての文化

ヴァルシナー（一九五一―）米の心理学者。『新しい文化心理学の構築』によって、人間と文化の関係性をまるごととらえる、新しい文化心理学を提案する。

†文化と心理学の関係とは

翻訳なんて、学者の仕事ではない。オリジナリティの無い仕事だ、というような言い方がある。確かにそういう一面もあるだろう。しかし、一方で、これほどオリジナリティが求められる仕事はない、という実感もある。

明治維新後の日本では、今以上に海外からの知識の吸収への意欲が強く、一説には明治一五年までに既に一四〇〇冊もの翻訳書が刊行されていたそうである。

つまり、翻訳というのは日本の学者にとって避けられないものであり、一種の文化なのかもしれない。文化を英語で表すと culture である。この語の語源は cultivate と同じで耕すということを意味する。また、culture の訳には教養というものもある。ある文化内の立ち振る舞いを知っていることは教養の基礎なのである。

だからこそ文化（カルチャー）に異議をとなえる対抗カルチャー（サブカルチャー）は、何を「教養」として認めるかという権威に対する反抗という意味を持っているのである。映画によって既存の文化に対抗した世代は、映画は文化であるが、マンガは文化ではないと主張して、軋轢《あつれき》を起こしていた。そしてマンガ世代はコンピューターゲームは文化ではないと主張して、軋轢を起こしている。

では文化（カルチャー）と心理学の関係をどのように考えるべきだろうか？

†「比較」文化心理学

文化心理学というと一般的には「比較」文化心理学のことを指しているように思える。ある文化と他の文化の違いを指摘するものである。カルチャーショックという語が示すように、生活する上では異なる複数の文化が存在し、一つの文化から他の文化への移動は大きな負担となりやすいことが経験的に知られている。

日本人は集団主義とよく言われる。また日本国内について見てみると東北の人は我慢強い、ということも言われる。この場合、日本人であることは集団主義の原因ではないし、東北人であることは我慢強いことの原因ではないのだが、文化は人間行動に強い影響力を持つように説明される。比較文化心理学は様々な文化を調べ、比較することで差異を示す（たとえば、日本人が集団主義だ、ということは欧米人は個人主義だ、ということと比べることによってよりインパクトが強くなる）。

しかしこうした比較だけが文化心理学ではない。もし比較が必須なら、比較しなければ文化は存在しないことになってしまう。たとえば、私たちが今生きている「地球文化」は他と比較しなくても存在するはずである。様々な文化についてそれぞれのカタログ作りと差異の強調を目指すのとは異なる文化心理学が必要であり、それは、心にとっての文化の普遍的な役割を解明しようとする学問的営みである。

言語学を例にして、説明してみよう。日本語と英語が違っていることは誰にでもわかる。そしてその違いを説明するのは重要であるが、言語学の役割は個々の言語の性質について述べるだけではすまされない。それぞれ異なる多くの言語の根本にある性質とは何なのか、を探究するのが言語学の役目であろう。こうした言語学のことをあえて「一般」言語学と呼ぶ場合がある。このように考えれば、文化心理学も、比較を行って個々の文化の違いを取り上げるのではなく、文化と人間の関係を扱う「一般的」な文化心理学のような立場を取りうるはずである。

†「一般」文化心理学から見た文化

一般文化心理学は、人が文化に属するのではなく、文化が人に属すると考える。文化が人に属するというのは、難しい考え方である。かくいう私も一〇年くらいかかってなんとなく納得できるようになってきた。

ここで言っている文化とは、個人の心理的機構（メカニズム）の体系づけるものとしての文化である。様々な場において許容される行為のガイドのような役割を果たすのが文化である。

ここで重要な役割を果たすのが「記号」である。記号はケーラー（21参照）やヴィゴーツキー（13）が重視した考え方である。人間は外界と直接かかわるのではなく記号を介して関わるというのが一般文化心理学の立場である。記号は人にふさわしい行動をガイドするものであり、文化は記号を通じて人に属するのである。人を中心に記述すると、人は記号を取り入れたくなるような文化に身を投じるという言い方になる。日本のアニメを見てコスプレをする人が全世界的に増えているが、そのような身の投じ方である。そして人と文化の関係は包摂的分離（inclusive separation）であると考え、記号の内化と外化のプロセスこそが人と文化の関係の調和のあり方を決定づけると考えるのである。

一般的には、個人が文化に〝属する〟と考えるのが普通だが、文化が記号を通じて〝人に属する〟と考えるのが一般文化心理学である。こうすることによって、ある一人の人が、昭和文化を体現する一方、高校時代のアスリート文化を背負い、大阪のおばちゃん文化を謳歌《おうか》する、というような多元文化を生きるという生き様を記述することも容易になるのである。

†ディスコミュニケーションと自己の三層モデル

英語などでメールをやりとりしていると、文章の最後に「:)」という記号が付いていることがある。たとえば、Enjoy your holiday! :)（よい休日を！）という感じ。最後の:)は何なのだろう？と疑問になる。実は、これは顔（フェイス）なのであった。しかも笑顔。顔に見えない、という人もいるはずだ。縦横が違うと思う人もいるだろうが、それだけでもない。

どうしてそういうことがおきるのか。北海道大学の結城雅樹教授の研究によれば、実は笑顔を笑顔として認識する部分が日本人とその他では違うのである。日本以外の多くの国や民族では、歯を見せることや口角が上がっていることが笑顔を表すために目の表情が乏しい「:)」で十分なのである。一方、日本には目は口ほどにモノを言うという格言がある。また、人前で歯を見せるな、といって怒られた人もいるのではないだろうか。その結果、日本人が用いる笑顔は^_^というものになる。

口で笑顔を表す人と目で笑顔を表す人がいたら、この二人の間にはディスコミュニケーションが起きてしまう。何故なのだろうか。「比較」文化心理学であれば、異なる文化がある、ということで終わりがちだが「一般」文化心理学はこうしたコミュニケーションのズレを説明しようと試みる。日本人が^_^を用いてメールを書いたところ、欧米人が理解できなかったという例を考えてみよう（この顔は多くの欧米人にとって笑っている顔には見えない）。

日本人と欧米人は、メールに顔を記号化したものを使おう、というレベル（価値観のレベル）では一致している。しかし、顔のどの部分が笑顔を示すのかについての表出／読解ルールのレベル（記号のレベル）が違っている。そのため、お互いの解釈が異なってしまい、ディスコミュニケーションが起きてしまう（行為のレベル）。

この図は、自己の三層モデル（富士山型）である。もともとはこの『新しい文化心理学の構築』で紹介されている三層モデ

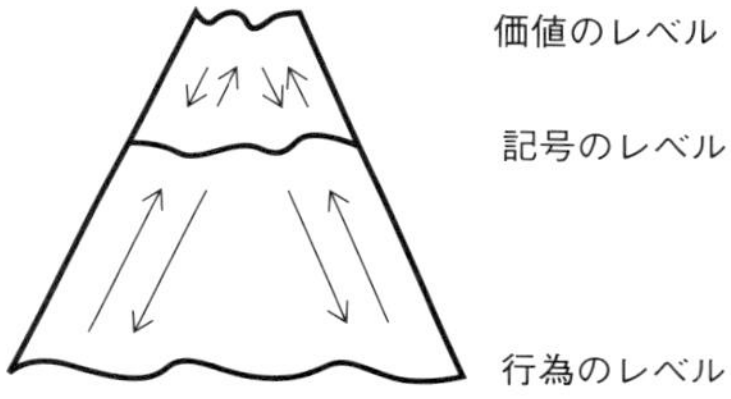

富士山型自己の三層モデル

ルに従っているが、ここでは富士山型を使うことにする。自己はあたかも富士山のようなものだとしよう。頂上は価値であり、変えるのは難しい、そして広い裾野が行為のレベルである。そして冠雪した雪の縁（フリンジ）のあたりが記号が発生するレベルとなる。価値と行為は直接かかわることはない。価値が記号を発生させ、記号が行為を導くのがトップダウン的、つまり価値先導的な行為モデルである。一方で、様々な行為を重ねるうちに新しい記号が発生してその記号が価値変容を促すのがボトムアップ的、つまり行為先導的価値変容モデルである。いずれにせよ、記号がカギとなっていることがわかる。文化は記号を通じて個人に属するということを富士山型自己モデルで表しているのである。

好きな人同士がコミュニケーションしている時などは、記号を介さずとも同じ気持ちになれたりするが（以心伝心、不即不離）、多くのコミュニケーションは記号を媒介している。人間のコミュニケーションにおける記号の重要性を説いたのはヴィゴーツキー（13）である（デザインにおける記号の重要性を説いたのはノーマン（4））。

これらを受けてヴァルシナーは、人間の自己システムを、価値・記号・行為の三層から成るモデルだと考えようと提案したのである。また、一人の人が複数の富士山型自己をもつと考えることによって、複数の文化が人に属するという考え方を表現することもできる。

実際、私たちは、日本人文化を体現し、女性文化を体現し、アニメ好き文化を体現する、というように、その時々で様々な文化を体現することができている。そしてこれは「〜としての自己」が複数あってよいとするハーマンス（18）の自己理論とも合致する考え方であり、日本人には理解がしやすいはずだ。

†文化を扱うことの困難さ

文化心理学という下位領域は心理学にとって扱いにくい領域である。科学としての心理学は、ヒトという種の心のあり方を検討することが目的だから、そうした性質は普遍なものだと言いたいからである。一方で、個を重視する心理学にとっては、ひとは一人一人異なり、尊重されるべきものであり、共通点を重視することはないという姿勢をとる。

普遍と特殊を二項対立のように扱うのは、あまり生産的ではないだろう。真実はたいていその中間に存在する。心理学や社会学などの分野では、普遍志向と個別志向だけで人間のライフ（生命・生活・人生）を説明しきれない、ということは公然の秘密であり、その中間項の概念が追求されてきた。

文化もまた、普遍と個別を架橋する有力な概念なのかもしれない。文化についての定義は一説によると一六〇種類もあるそうである。ヴァルシナーは「人間が生身の身体で外界と対峙するのを防ぐ仕組み」の全てが文化だと考えている。人間に限らず生存というのは最も重要な目標であり、それを実現することが重要だということは論を俟たない。しかし、人間が生存している環境は極めて多様である。こうした多様な環境で生存し、次世代にバトンを渡すにはどうすればいいのか、それを集積したものが文化であるのかもしれない。こうした考えはエリクソン⒂の考え方とも近いものとなる。

†複線径路等至性アプローチ

ヴァルシナーと私は、文化心理学の新しい方法として複線径路等至性アプローチ（Trajectory Equifinality Approach：TEA）を提唱している。等至性とは、異なる方法や径路を用いても同じゴール、結果（これらを等至点と呼ぶ）に到達できるということを示す概念である。

私たちの人生は、ビリヤードの玉のように玉突き的にいろいろな出来事が起きるわけではない。

一度失敗や挫折があっても、いろいろな支援を受けながら、目標を達成することができるのである。つまり複線径路が存在するのだ。そして、こうした複線性は文化によって実現され、それこそがレジリエンス（弾力性、恢復可能性）にほかならない（安田裕子他『ワードマップTEA』を参照）。

人間を動物の一種の「ヒト」として扱い、対象化・客体化する心理学とは異なり「意味を求める存在」としての「ひと」の時間的な変化・維持を文化という側面から捕らえようとするのが「一般」文化心理学であり、複線径路等至性アプローチ（ＴＥＡ）はそのための方法論なのである。

Jaan Valsiner, *Culture in Minds and Societies*, 2007
（邦訳：サトウタツヤ監訳、新曜社、二〇一三）

30 カーネマン『ファスト&スロー』（原著刊行年 二〇一一）
——行動経済学の基本にある心理学的考え

カーネマン（一九三二—）心理学者・経済学者。『ファスト&スロー』は人間の意思決定の不合理な仕組みを平易に説明する。

†経済学者か心理学者か

『岩波世界人名大辞典』は、世界の様々な地域（日本以外）の現在・過去において実在した人の名前だけでなく伝説上・架空の人名までも含む日本最大の人名辞典である。こういう辞典を一人で編むということはモチロン不可能であり、様々な分野の様々な人々に執筆の依頼がなされ、それぞれの専門家の責任で人名を積み上げていく。

心理学史の研究をしているからか、私もこの仕事に関わらせていただいたが、そこで、少し面白い現象があった。心理学の専門家が「カーネマン」を心理学者として扱い、執筆しようとしたところ、難色を示された。

心理学者にとっては、カーネマンがノーベル経済学賞をとる前から、トゥバスキー&カーネマンという二人の名前は、リンダ問題（後述）などと共に認知心理学者として認識されていた。したがってノーベル経済学賞をとったからといって、カーネマンは経済学者じゃない、心理学者なんだ！　というのが心理学者の気持ちなのである。私たちが育てたんだ！　という気持ちであろうか。

しかし現実は残酷である。『岩波世界人名大辞典』においてカーネマンは行動経済学を開拓した経済学者として評価されているのであった。ただし、ノーベル賞受賞の理由は、不確定状況下における判断についての心理学的研究の洞察を経済学に統合したことであり、受賞分野としてあげられていたのは、経済心理学ならびに実験経済学であったから、彼のことを心理学者であるとしても基本的には間違いにならないだろう。

アリストテレスの体系によれば経済活動はオイコノミア（家政術）として位置づけられる。つまり経済活動は家を運営するためのものであり、社会全体の活動として見られることはなかった。そして、長い間それは学問の対象ではなかった。佐々木毅『政治学の名著30』によれば、一八世紀のアダム・スミス『国富論』こそが経済学をはじめて科学的に体系づけた書であり、神の見えざる手によって需給のバランスが保たれるという学説で有名である。

その後、経済学は次第に学問としての形を整え、一九六二年にはノーベル賞にノーベル経済学賞が設置されるに至った（正式なノーベル賞とは少し異なるがここでは無視）。経済学では合理的人間というものを仮定してきた。神から理性を授けられた人間は、理性に基づき判断するものだというモデルである（このモデルに問題があることは、ダマシオ〔8〕の日常生活で何か決めることができない男の例を見て欲しい）。こうした人間像はホモ・エコノミクス（homo economicus）と呼ばれ、購買などの判断は経済的合理性に基づいたもので、実際の行動も個人主義的に発現する、としたのである。

経済学はこうした人間像をモデル（＝理想像）とすることで、一定の成果を収めてきた。しかし、綻《ほころ》びも目立ってきた。そこに登場したのが行動経済学という新しい分野である。

†分かりやすさを重視した二項対立

この本はカーネマンが初めて書いた一般向けの本である。そのテーマは認知的錯誤、つまり、正しいと思っている判断が間違っている、ということについての本だということになる。説明を分かりやすくするために、カーネマンはいくつかの二項対立を持ち込んでおり、キャラクター化している。まず、思考の種類として、ファスト思考（速考）とスロー思考（熟考）である。そして、最後には、経験する自己（experiencing self）と想起する自己（remembering self）を対比させる。経験する自己はファスト思考と関連が強く、今ここでの判断や経験を担うのに対し、想起する自己はスロー思考と関連が強く、時間の流れの中での思考を志向している。この本は全体として、ファスト思考（およびその認知的錯誤）についての記述が多いものの、（カーネマン自身も述べているとおり）スロー思考が不要だからというわけではなく、研究がまだ進んでいないからであろう。

ルリヤ（2）やギリガン（16）、マズロー（22）の項でも示唆したとおり、心理学実験という枠組で扱いやすいことは知見も蓄積されやすいのだが、だからといって、それで全てが説明できるわけでもない。この本の第三六章は「人生は物語」というものであるが、このように、物語や時間的流れを重視することは今後の心理学で盛んになっていくだろう。

†速考としてのヒューリスティクスの発見

カーネマンは早世したトゥバスキーと共に不確定状況下における判断に関する認知心理学的研究を行ってきた。リンダ問題というよく知られた問題がある（第一五章参照）。「リンダは三一歳の独身女性。外交的でたいへん聡明である。専攻は哲学だった。学生時代には、差別や社会正義の問題に強い関心を持っていた。また、反核運動に参加したこともある」（上巻、二二九頁）

その彼女はいま、次のどちらである可能性が高いだろうか。
一　現在、銀行の現金出納係。
二　彼女は現在、銀行の現金出納係であり、女性解放運動に熱心。
多くの人が二であると感じたのではないだろうか。論理的に考えれば、二は二つのカテゴリーの積集合（ベン図でいうと交わった部分）であるから、その可能性は一よりも低いのである。

ではなぜ、二の方が可能性が高いと思ってしまうのか。

それはヒューリスティクスという思考のスタイルが影響しているのである。ヒューリスティクスは速考もしくは試行的思考とでも訳せば良いと思うが、深く考えずにすぐに答えを出す思考のことである。世の中には熟考が必要なことがあるとしても、そうでないことも多い。そんな時、この速考が役に立つのである。早い分、間違っていたりバイアス（歪み）がかかっていたりするが、そんなことお構いなし、の思考である。

この本は、人間の思考には二種類がある、と考えたら良いのではないかという考えを平易に説いているものである。「ファスト&スロー」というタイトルが示すように、速考と、時間をじっくりかけて考える熟考の二種類がある。

ファスト型の思考というのは、じっくり考えるのではなく、「あ！　これはいつものこれだ、きっとそうだ！」というようなことである。そしてそれがたいていうまくいくことが多いので、そうした思考法も維持されている。

リンダ問題にしても、もしこれが日常生活なら、「リンダって銀行に勤めてるけどきっとウーマンリブ運動もやってるに違いない」と考えて、それきりそのまま、確かめることもなく次の話題に移っていくだけのことである。ファスト思考は間違いを正されにくく、それゆえ維持されやすいという特徴がある。

†プロスペクト理論

カーネマンがトゥバスキーと一緒に提唱した理論は、「プロスペクト理論」と呼ばれている（これは第二六章でとりあげられている）。この理論は、人間の損得勘定（損得を考える課題に対する反応）は対称的ではないとしている。

この理論の特徴の一つに、損失回避性がある。損失と利得を直接比較した場合でも、確率による重み付けをした場合でも、損失は利得より強く感じられる。この損失回避性が高まると、おかしなことに、ギャンブル的行為も厭《いと》わなくなる。

あなたは次のＡＢのうちどちらを選ぶだろうか？

A　確実に九〇〇ドル失う
B　九〇％の確率で一〇〇〇ドル失う

さらに、次のような設定の賭けをするだろうか？　しないだろうか？

C　コインを投げて表だったら一五〇ドルもらえるが、裏が出たら一〇〇ドル支払う

AとBの選択肢では、Bを選ぶ人が多い。つまり、確実な損失を嫌い、何も損失がない可能性に賭けることになる。そして、Cにおいては、期待値としては得をするのだが、この程度では、この賭けに参加したがらない人が多い。ここではまず予想される損失が回避されるのである。ちなみにCにおいては、得られる額が二〇〇ドルである場合には賭けに参加する人が増えることが知られている。そして、こうした思考はまずファスト思考が舵取りをするとカーネマンは考えている。数学的期待値の思考が合理的だとすれば、人は必ずしも合理的に判断しないというのがプロスペクト理論の教えるところである。この考えはそれまでの経済学が前提としていた「合理的経済人」という考えの前提を崩したところに価値がある。

†ファスト思考（速考）も合理的な判断

リンダ問題において、「銀行の現金出納係であり、女性解放運動に熱心」というのは「銀行の現金出納係」であるということより確率が低いのだが、これは論理学的に考えたらという前提の話である。人生は時間と共にあるので、時間的経緯を無視して答えることに意味があるだろうか、と問うことも可能である。

そもそも、リンダの「現在」のことを聞いているとしても、それは過去との関係での現在であり、その人の人生の時間の経緯を無視することはできないのではないだろうか。さらに言えば、「反核デモに参加」した人が「銀行の出納係になる」ということはあり得るのだろうか。ほぼあり得ない前提だからこそ、もしそうなら女性解放運動に熱心に違いない、と人々は判断するのであろう。時間を無視した設定にこそ問題があるのではないだろうか。

リンダ問題は、反核デモに参加した人が銀行の現金出納係になったとしたら、その人は女性解放運動に熱心かどうか、を問うているように普通の人には思えるのである。つまりこれは他者の人生の径路（trajectory）を推論するという課題なのであり、時間を無視した論理学の問題として捉えて「間違った判断」だと判断されるのはオカシイのかもしれない。他者の人生のあり方を判断する際にはそれまでの自分自身の経験値が反映されている。その意味では、ファスト思考もまた、合理的な判断である、と言えるのかもしれない。スロー思考（熟考）との兼ね合いが重要なのではないだろうか。また、蛇足ではあるが、この本は人間の認知システムについて論じたものであり、心理学者カーネマンの面目躍如たるものがある。

†自己・人生・物語・幸福

この本の最後の部（第五部）では人生の評価について扱われている。良い評価＝幸せな人生ということになるから、幸福感の研究にもつながっていく。幸福であるとか肯定的な人生のあり方について扱われているのは最近の心理学のトレンドとも一致するが、カーネマンのアプローチは少し異なる。

カーネマンは人生が良いか悪いかという評価も認知的な判断である以上、一定のバイアスを避けられないと言う。彼はそれを焦点錯覚と名づけた。たとえば、アメリカ西海岸の爽やかな気候のカリフォルニアで暮らす人は東海岸で暮らす人よりも幸せだ、と考えてしまうのが焦点錯覚の例である。逆に、後天性の半身不随の人や人工肛門を付けている人はそうでない人より不幸せだ、というのも焦点錯覚である。爽やかな気候はそれだけを捉えれば幸せであるし半身不随になったことはそれだけを捉えれば不幸である。しかし、これらのことが人生全体の幸福度に影響するということはデータからは示されていないのである。

その上で最後の最後に、カーネマンは時間の役割が重要だと述べる。私たちは瞬間瞬間を生きているのではなく、持続した時間を生きているのであるが、一番良かった時とか終わりの瞬間のイメージに焦点をあててしまい、人生の質を評価しがちである。だがそれは錯覚だと彼は言いたいのである。

速考と熟考、経験する自己と想起する自己、これらの対立を越えたところに、人生の幸福を理解するためのカギがあるのだとカーネマンは問いかけているのであり、こうした問いは心理学を新しい挑戦へと誘ってくれるのである。

Daniel Kahneman, *Thinking, Fast and Slow*, 2011
（邦訳：村井章子訳、早川書房、二〇一二）

あとがき

心理学には名著が少ない。

理由はともかく、一冊の本を読んで、本として良かった！　というようなことはあまり無いように思われる。もちろん、感想には個人差があるし、心理学の発展に寄与するという意味での優れた本は少なくない。また、知能検査のように、その開発によって世界のあり方を変えるようなインパクトのあった業績が無いわけでもない。しかし、本としての完成度からすれば名著は少ないし、大学の心理学の授業において、誰か一人が書いた一冊の本を読んで吟味するということはほとんど行われていない。ましてや、ある本が世代を超えて、大学や大学院の授業で読み継がれていくということは皆無に近い。

こうした事情もあり、本書の名著30は、以下のような観点から選ばれている。

本当の名著――少ないながらも実在する心理学に関する名著。

講演録や論文集――重要な心理学者が残した読みやすい本や論文集。ぶ厚い専門的な玄人受けする著書よりも、読みやすい講演録を優先して選んだ場合もある。

心理学の学説史上、重要な論点を提出した心理学者の著書――名著とは言えないかもしれないが、心理学を深く理解するために知っておく方が良い心理学者の著書である。

以上が編集方針であるが、このような基準を用いると一〇〇冊弱は紹介することになってしまうので、「はじめに」に書いたような方針のもと、現代心理学の構造にそった形でまず心理学者を選んだ。選び出せば必ず選にもれた人がでてくるが、本書において最大の「選ばれなかった人」はピアジェである。他に、ワトソン、ヘッブ、アドラー、ギブソン、ガーゲン……の名前をあげることもできよう。ついでに言えば日本人の著作は選ぶことができなかった。お詫び申し上げると共に、興味をもった読者は自分なりにトライしてみてほしい。

私がこの『心理学の名著30』執筆の際に心がけたことをここに述べれば、お互いの著者同士を関係づけるようにしたこと、また、それぞれの本の著者である心理学者の研究の背景が分かるように心理学史的な叙述を行ったこと、である。もとより、解釈の仕方は私のものであるので、読者諸賢におかれては、それぞれ元の本にあたってみてほしい。『経済学の名著30』の著者松原隆一郎も言うように日本は翻訳大国であり、まずは日本語訳で読むことが可能である。読んでいて共感するところがあったり、逆に分かりにくいところがあったら、原書にあたってみてもいいだろう。少しでもいいから著者が使ったもとの言語（多くの場合その人の母語）にも触れてほしいと願っている。

心理学の名著を読む価値はどこにあるのか？　それは、変動が激しい社会において解決が求められる問題について考える際であると思われる。

たとえば、かつては特殊学級と言われていたが、知的遅滞児などの特別なニーズに応えるためのクラスは、現在では特別支援学級と呼ばれている。この特別支援学級は入学希望者が増え続け、一部には、「倍率」が生じているという。特別なニーズが必要な子ども自身が希望するかといえば必ずしもそうではなく、親の思惑などが影響しているという。子どもではなく親の意向が影響しているのであれば、それはビネが知能検査を開発した当時と似たような状況であり、子どものことを正確に知るための検査を作成しようとしたビネの考えを知ることがヒントになると思われる。

また、文部科学省の調査によれば、新学期が始まる日に子どもたちの自殺が極めて多いという。学校は教育のための機関であり、教育は人間が生きていくためになくてはならないものである。ところが、その教育のための機関に行かねばならないことを恐怖し、ついには死を選ぶ子どもが少なくないというのである。本末転倒も甚だしいが、学校に行かねばならない、ということは、言うまでもなく文化に支えられた物語（ナラティブ）であるから、ブルーナーの物語（ナラティブ）、文化心理学、などの考えを知ることでヒントを得られるのではないかと思われる。

最後に少し気楽な話題に転じてみよう。将棋の世界では、一秒間に百万手も読めるコンピュータと対戦する「電王戦」というものがあり、二〇一三、一四年度はヒト陣営が負けている。こうした文脈のもと棋士羽生善治がコンピュータと人間の思考の違いについて「人間の思考の一番の特長は、読みの省略です。無駄と思われる膨大な手（将棋の次の一手のこと：引用者注）を感覚的に捨てることで、短時間に最善手を見出していく」（『SAPIO』二〇一五年四月号）と述べていた。コンピュータとヒトの違いをより深く考えるためには、ダマシオによる感情と理性の関係の議論（ソマティック・マーカー）について知ることが重要かもしれない。

校正の一部を福島で行った。私が過去において福島大学行政社会学部助教授だったことは、福島原発事故までは単なる履歴の一つであった。しかし、この事故以後は、原発事故があった福島に存在する国立大学に勤めていたこと（ついでに、放射能のホットスポットとして有名になった渡利という地域に住んでいたこと）は、かなり特殊な意味づけを与えられることになり、そのことが少なからず私の研究活動を変えることになった。ゼミ生（サトゼミ背番号隊）による福島をフィールドとした卒業論文も事故以後、毎年執筆されている。その後に起きた出来事（原発事故）が前に起きた出来事（福島大学勤務）の意味を変えること、その意味を自らのものにして活動すること（風評被害研究を行う）が「ひと」の人生（ＬＩＦＥ）には起きるのである。人生を意味づけることは、極めて重要な人間心理の側面であるが、これまでの心理学ではあくまで傍流であった。しかし人間の様々な活動が地球規模化する時代にあって、意味づける存在としての人間心理や文化の役割を重視する方向が重要になってくることは間違いない。

本書は筑摩書房橋本陽介氏のすすめで実現した。浅学非才の身に執筆できるかどうか危ぶみもしたが、行政仕事におわれる（楽しむ！）中年世代の大学教員にとって、心理学のことを幅広く捉え直す機会になると思いお引き受けした。三〇冊を選ぶ枠組については「はじめに」に書いたとおりであるが、意味や意味づけについて考える本が多くなったことは、私の福島を巡る個人的な経験もあってのことである。諒とされたい。それぞれの本を読み返してみると、当然ながら新しい発見がいくつもあった。これらの発見をどこまで本書の執筆に活かせたかは心許ないが、本書を通じて多くの人が心理学の魅力を再発見し、日常生活に活かしたり、新しい研究に取り組んでくれるなら、それにすぐる喜びはない。

ちくま新書
1149

心理《しんり》学《がく》の名著《めいちょ》30

二〇一五年一〇月一〇日 第一刷発行
二〇二一年 三 月三〇日 第二刷発行

著者 サトウタツヤ（さとう・たつや）

発行者 喜入冬子
発行所 株式会社 筑摩書房
東京都台東区蔵前二-五-三 郵便番号一一一-八七五五
電話番号〇三-五六八七-二六〇一（代表）
装幀者 間村俊一
印刷・製本 三松堂印刷 株式会社

ISBN978-4-480-06855-2 C0211